Inge Müller

Du gehst noch immer neben mir

Meinem unvergessenen Vater
in Liebe

Inge Müller

Du gehst noch immer neben mir

Gedanken für Trauernde

Kaufmann Verlag

Bibliografische Information Der Deutschen Bibliothek

Die Deutsche Bibliothek verzeichnet diese Publikation in der Deutschen Nationalbibliografie; detaillierte bibliografische Daten sind im Internet über http://dnb.ddb.de abrufbar.

1. Auflage 2010

Druck und Bindung: Freiburger Graphische Betriebe, Freiburg
ISBN 978-3-7806-3100-8

Inhaltsverzeichnis

Vorwort

„Wir können nicht tiefer fallen als in die Hand des Vaters." Es war einer der Kernsätze, die mir mein Vater mit auf den Lebensweg gab. Sein ganzer Glaube an einen liebenden Gott lag darin, ein Urvertrauen, das er an uns, seine Kinder, mit vollen Händen weiterschenkte, Sicherheit, Angstfreiheit und letztlich die tiefste Wurzel seiner unbändigen Lebenslust und Lebensfreude.

„Wir können nicht tiefer fallen als in die Hand des Vaters." Der Satz trägt mich bis heute.

Liebe Leserin, lieber Leser, ich weiß nicht, in welcher Situation Sie dieses Büchlein in die Hand nehmen. Vielleicht haben Sie selbst Ihren geliebten Mann verloren, Ihre einzigartige Frau, die unentbehrliche Kollegin, den besten Freund, den geschätzten Lehrer, Vater oder Mutter oder, was Gott verhüten möge, Ihr Kind. Vielleicht ist all das schon sehr lange her, vielleicht ganz frisch und vollkommen unverheilt. Man hat Ihnen das Büchlein geschenkt und Sie dabei behutsam in den Arm genommen, oder es ist Ihnen durch Zufall in die Hände gefallen, weil das Thema „Sterben und Tod" Sie interessiert, genauso wie „Geborenwerden und Leben". Weil es die einzigen Themen sind, bei denen es ausschließlich und ganz nah Betroffene und Beteiligte gibt: Uns alle, und niemanden unter uns, der von sich sagen könnte: Das geht mich nichts an.

Nur deswegen wage ich, darüber zu schreiben: Es

geht uns alle an. Jede Erfahrung zählt und ist wichtig, Ihre und meine. Weil der Tod, das große Geheimnis, uns alle ein Leben lang begleitet, auch wenn wir ihn zwischendurch fast aus den Augen verlieren. Er ist auch dann allgegenwärtig, genauso wie das Leben.

Im Gegenteil: Er ist es, der jeden Augenblick, den wir miteinander verbringen, in aller Flüchtigkeit so kostbar macht. Er ist es, der uns nicht nur die Abschiede erleben lässt – die winzigen, kaum spürbaren und die herzzerreißenden, großen – sondern mit jedem Abschied und durch jeden Abschied auch die Heimkehr und das Wiedersehen, den Neubeginn, die offene Tür hinter der Pforte, die sich gerade geschlossen hat, die kleine und die große Auferstehung. Eben nicht nur das, was schwindet und vergeht, sondern ebenso das, was wächst und bleibt – wie wir hoffen, für die Ewigkeit.

Der Tod geht uns alle an, ein Leben lang. Nur deswegen darf ich hoffen, Sie an einem winzigen Ort Ihrer Seele erreichen, berühren, einen neuen Gedanken, ein Gefühl hinzugeben oder sogar trösten zu können. Vielleicht, wenn Sie bemerken, dass hier nicht über, sondern häufig mit den Verstorbenen gesprochen wird – zärtlich, schmerzvoll, aufbegehrend, erinnernd, manchmal sogar wütend oder unter Tränen lächelnd; dass sogar der Tod und Gott selbst durchaus kämpferisch zur Rede gestellt werden, bevor wieder etwas Ruhe und das leise Gespräch mit dem eigenen Herzen einsetzen; dass wir uns scheinbar sehr weit vom Thema Sterben entfernen und auf diesen Umwegen jungen und älteren Menschen begegnen, einem Reisenden im hohen Norden und einem unscheinbaren Käfer im Gras, einem Paar im Streit und einer Theatergruppe bei der Probe. Und doch befinden wir uns, mitten in diesen nur scheinbar unscheinbaren Alltagsgeschichten ganz nah und ganz tief an den wesentlichsten Fragen unseres Lebens:

Wo kommen wir her? Wo gehen wir hin? Was ist der Sinn der Spanne zwischen Anfang und Ende – und wie viel Zeit bleibt uns darin wofür?

Vielleicht erreiche ich Sie auch nicht gleich beim ersten Lesen, aber irgendwann später, wenn Sie sich eines bestimmten Wortes erinnern. Und dann nehmen Sie auch nicht gleich meine ganze Hand, wohl aber den kleinen Finger. Sie allein entscheiden, was Sie wann brauchen und was Ihnen wann hilft.

Denn der Weg durch dieses Büchlein ist sehr weit, viel weiter, als es der Umfang vermuten lässt. Manche von uns sind nach Jahren noch nicht auf der letzten Seite angekommen, kreisen immer noch um die Sekunde, in der „es" passierte, das Unvermeidliche, Unabänderliche, sich jedem tatkräftigen Zugriff Entziehende.

Keiner von uns kann dem anderen diesen weiten Weg vom ersten Erschrecken bis zu einem vorläufigen, vorsichtigen Akzeptieren abnehmen. Alles hat seine Zeit, seine Bedeutung und seine Berechtigung. Sie bestimmen, wie groß Ihre Schritte sind, wie oft Sie zurückblicken und wann zum ersten Mal wieder nach vorne, ob Sie weinen können/wollen oder nicht (und vor wem), wann Sie ein scheues Lachen wiederfinden, eine winzige Tasse voller Lebensmut, ob Sie sich begleiten lassen oder ganz allein gehen – nur im Zwiegespräch mit dem lieben Menschen, der jetzt so fern ist und doch nie ganz unerreichbar.

In dieser Situation möchten meine Worte einfach nur da sein. Nicht mehr und nicht weniger. Es sind sehr persönliche Worte, wie könnte es auch anders sein – und trotzdem oder vielmehr gerade deshalb hoffe ich, dass Sie sich selbst und auch Ihre Lieben, die vorangegangen sind, hier und da wiederfinden. Dass Sie spüren: Es sind nicht nur Leben und Tod, die uns alle miteinander verbinden, sondern eben auch dies: Wir sind gehalten und geliebt. Wir können nicht tiefer fallen als in die Hand des Vaters.

Ihre Inge Müller

Der Film im Kopf –
Hätte ich es verhindern können?

Es war im Krankenhaus oder am Straßenrand, es kam völlig unerwartet oder man hatte Zeit, sich darauf vorzubereiten, es war sogar eine lang ersehnte Erlösung.

Und dennoch. Tag für Tag, Nacht für Nacht habe ich diesen Film im Kopf, unerträgliche Details, völlig nebensächliche Szenen, die auf einmal entscheidend werden, die ich verzweifelt in der Phantasie umzuschreiben versuche, Wegkreuzungen, an denen ich eine andere Abzweigung wähle, Gesichter, Personen, Situationen, Sätze, die ich verschiebe, als sei ich der Regisseur eines Films, der doch längst abgedreht und über die Leinwand geflimmert ist.

Was hätte ich den Arzt noch fragen, was ihm vorschlagen, was anders entscheiden können? Wenn ich mein Kind an diesem Morgen nur ein wenig später zur Schule geschickt hätte, wenn ich nur schneller am Unfallort gewesen wäre, hätte ich ihn nur nie zum Bergsteigen überredet, warum ließ ich sie gerade an diesem Tag allein mit der Bahn fahren, warum habe ich der Schwester geglaubt, die sagte, gehen Sie ruhig nach Hause und schlafen Sie sich einmal aus, heute Nacht passiert es bestimmt nicht …

Es ist geschehen. Der Mensch, den ich liebte, ist gestorben.

Ich konnte dabei sein und ihn in den Arm nehmen – oder ich habe diesen einzigen Augenblick verpasst, und es quält mich bis heute. Doch letztlich gab es nichts, was ich dagegen tun konnte.

Nun bleibe ich zurück mit diesem Film im Kopf, der sich abspult, jede Nacht, jeden Tag, manchmal im Zeitraffer, manchmal in Zeitlupe, manchmal mit langgezogenen Denkpausen ohne Ergebnis, quälend wie eine altertümliche Nadel in der Schallplattenrille, die pausenlos dieselbe Liedzeile in meinen Kopf kratzt.

Ein Teufelskreis. Genau das ist es. Denn die beiden Hauptpersonen spielen darin nicht die Rolle, die ihnen zukommt: Gott und der Mensch, der von mir gegangen ist.

Es ging doch gar nicht um mich, um meine Entscheidungen oder Versäumnisse. Weiß ich, was wirklich geschah, während ich am Bett oder zu Hause wartete, während ich den Anruf bekam?

Mein Angehöriger, mein Freund trat eine große Reise an. Ganz leise löste sich die Seele vom Körper und machte sich auf den langen Weg. Und diesen Film, der die Wirklichkeit war, sah ich nicht. Ich war auch nicht dabei, als die Seele am Ende ihres Weges aufgefangen und in die Arme genommen wurde.

Vielleicht sollte ich die quälenden Szenen in meinem Kopf nicht mehr ganz so wichtig nehmen oder – so gut ich das kann – ganz langsam, Stück für Stück loslassen.

Ich war ohnehin nicht der Regisseur. Nur der Zuschauer, die Zuschauerin. Wer weiß, was geschehen wäre, wenn ich den Arzt wirklich gefragt hätte, nicht nach Hause gegangen, schneller am Unfallort gewesen wäre … Ja, wer weiß?

Ich weiß es nicht. Denn meine eigene Geschichte mit dem Tod liegt noch in der Zukunft. Und das, was in der Vergangenheit geschah, haben zwei andere ganz anders erlebt als ich: Mein geliebter Mensch im Moment des Todes. Und Gott.

Du gehst

Lange hast du hier gewohnt.
Ein Leben lang.
Jetzt ziehst du aus.
Du packst deine Lieblingsgedanken ein,
kramst fast vergessene Gefühle aus den Schubladen,
hängst die Erinnerungen von den Wänden.
Ganz obenauf kommen die unerfüllten Träume
eingehüllt in bunte Tücher.
Wer weiß,
vielleicht brauchst du sie bald?

Du zerknüllst Pläne und Skizzen,
holst den Chip aus der Kamera,
ziehst das Essen vom Herd,
streichelst den uralten Bären,
dessen Sprache niemand außer dir je verstand,
und die Blumen deines letzten Sommers.
Nippst am Wein.

Das alles sehr leise,
sehr langsam,
nicht ohne Schmerz,
nicht ohne Einverständnis.

Ich sitze an deinem Bett.
Ich schaue dir zu
und weiß längst,
dass ich dich nicht aufhalten kann.
Jetzt nicht mehr.

Du gehst durch die Räume,
aus denen alles Überflüssige verschwunden ist.
Deine Schritte hallen.
Die Vorhänge sind gefallen,
denn du hast nichts mehr zu verbergen.
Hier und da schwindet die Wärme,
löst sich ein wenig Putz.

Es wird Zeit für dich.
Das spüre ich.
Lächelst du?
Weinst du?
Winkst du?

Die Tür fällt ins Schloss.
Du gehst.
Noch lange danach.
Sehr langsam,
sehr leise.

Ich schaue dir zu
und bleibe zurück.

Komm mir entgegen

Man sagt,
ihr kommt uns entgegen,
vom jenseitigen Ufer her,
vom Berg
auf der anderen Seite des Tales,
aus der Mitte des Lichts
oder einfach
über die breite Straße hinweg?

Komm mir entgegen,
hole mich ab,
wenn ich einst aufbreche.

Nimm meine Hand
und halte mich,
lehre mich die ersten Schritte
in der kommenden Welt,
wie du es einst
in dieser getan.

Am Tag deines Todes

als draußen Alltag herrschte
und Wetter
als sie lachten
und liebten
arbeiteten
stritten
sich versöhnten
als Hunger und Krieg
als Schlagzeilen um sich griffen
als das Glück begann
als das Flugzeug
der Zug
der Schritt vorüber
als des Vogels Ton
in der Luft
hing
als dein Herz
still
stand

Wie lange

Wie viele Spuren
ein Mensch hinterlässt.

Wie lange es dauert,
bevor der Duft schwindet,
bevor die letzten Brotkrumen vom Tisch,
die Tasse gespült,
der Rock verschenkt,
der Anzug verkauft,
das Bild gerahmt.

Wie lange es dauert,
bis die Seele versteht.

Manches verblasst nie,
heilt nie,
schwindet nie,
bleibt
unbegreiflich.

Un-wieder-ruflich

Mit dir stirbt nicht nur dein Körper,
sondern auch
dein erstes Lachen,
dein erster Schritt,
dein erstes Wort,
dein erster Kuss
und dein Liebeskummer,
dein erster Job und der letzte Arbeitstag,
dein Muttersein, Vatersein, Alleinsein,
deine wichtigste Erkenntnis,
dein größtes Geheimnis,
dein tiefstes Gefühl,
deine letzte Träne.
Das, was nur du konntest.
Das, was nur du wusstest.
Das, was nur du warst …

So un-wieder-ruflich.

Dem großen Unbekannten – Wer bist Du, Tod?

Jahrelang lebte der Schweizer Roman- und Reisetagebuch-Autor Robert Crottet (1908–1987) bei den finnischen Skoltlappen, vierhundert Kilometer nördlich des Polarkreises, bis ihn die uralte Schamanin Frau Kaissa für würdig befand, die Legenden ihres Volkes zu hören, und ihm obendrein erlaubte, einige der schönsten Mythen und Märchen niederzuschreiben.

Wen wundert es, dass es in Crottets Aufzeichnungen unter dem Titel „Verzauberte Wälder" immer wieder um Leben und Tod geht? Sind doch Licht und Dunkel existenzielle Größen und Erfahrungen der an der Grenze der bewohnbaren Welt lebenden Ureinwohner Finnlands.

Und so weiß die alte Kaissa in der Erzählung „Der Herr über Leben und Tod" von einem Boten zu berichten, der in jenen Tagen, als die Welt noch jung war, die Menschen besuchte und sie vorbereitete, wann immer die Geburt eines Kindes bevorstand und wann immer es galt, Abschied vom irdischen Leben zu nehmen. Dieser Bote mit dem ewig jugendlichen Angesicht war weder die Geburt noch der Tod selbst – doch er kündigte beide an und half den Menschen so, sich vorzubereiten.

Bis eines Tages ein halsstarriger Geizkragen beschloss, sein Geld und Gut auf keinen Fall seinen Erben in den Rachen zu werfen, sondern vielmehr dafür zu sorgen, dass der engelgleiche Bote aus dem Verkehr gezogen und somit auch der Geburt und dem Tod das Handwerk gelegt würde – denn unangekündigt durften beide sich dem Menschen nicht nähern.

Der alte Mann ließ sich einen bescheidenen Sarg anfertigen, zwang den Boten trickreich, als dieser eines Tages tatsächlich an die Tür klopfte, sich doch einmal probeweise hineinzulegen, nagelte den Deckel obenauf und ließ sich auch durch dringende Bitten nicht erweichen, das hölzerne Behältnis wieder zu öffnen.

Konnte der Geizkragen nun sein ertrotztes ewiges Leben genießen und wurde die Welt zum Paradies der Unsterblichen? Natürlich nicht. Vielmehr drangen nach wenigen Jahren die Klagen der gebrechlichen, den Tod herbeisehnenden Alten ebenso an die Ohren Gottes wie die flehentlichen Gebete der jungen Paare, die ohne Kinder blieben. Und der Himmel musste einschreiten, um die gewohnte Ordnung wieder herzustellen – allerdings mit einer kleinen Einschränkung: Den übertölpelten Boten entband Gott seines Amtes, sodass wir heute ohne feinfühlige Vorankündigung auskommen müssen und „weder den Tag noch die Stunde" von Geburt und Tod kennen.

Lassen wir alle Einwände einmal beiseite, die Menschen strebten heute sehr wohl an, den Tag und die Stunde von Geburt und Tod nicht nur zu kennen, sondern auch zu bestimmen und nach Belieben zu verschieben.

Es scheint, als sei man früher mit dem Tod und seinen Vorboten eher auf Du und Du gewesen, auch wenn sie bei Weitem nicht immer willkommen waren. Man setzte den Tod nicht einfach mit Gott gleich und entrückte ihn, den Unfassbaren, in himmlische Höhen. Nein, er erschien so irdisch und greifbar wie das Leben selbst: Schlafes Bruder und Freund Hein, der Sensemann, der seine Ernte einfährt wie der Bauer und mit entschiedener Schärfe und Klarheit die Spreu vom Weizen scheidet, der „Gevatter Tod" der Brüder Grimm, den die Familie sich klug zum Taufpaten erwählt, der das Patenkind unter seine dunklen Schwingen nimmt und versucht, ihm Weisheit im Umgang mit der Zeit und den vorübergehend geschenkten eigenen Talenten zu vermitteln.

„Santa Muerte" preist man scheu und zugleich geradezu familiär in Mexiko, „Schwester Tod" besingt Franz von Assisi in seinem unsterblichen „Sonnengesang", um sogleich den „zweiten", den wahren Tod hinter ihr auftauchen zu lassen: die Gottesferne und das Vergessensein.

Manchmal ist der Tod nichts anderes als der geheimnisvolle, väterliche Herr der Zeiten, wie in Michael Endes „Momo", der Hüter der Stundenblumen, der Sand- und der Sonnenuhren. Dann wiederum wird der Grenzgänger, der Fährmann über den Styx, der venezianische Gondoliere mit der Maske, der die Macht des Königs verspottende Narr und der unermüdliche Tänzer zum Sachwalter der Gerechtigkeit: Er nimmt Arme wie Reiche mit sich, kein Vermögen kann den Unbestechlichen reizen, keine Schönheit und keine Redekunst ihn verführen, kein Geist und kein Amt ist ihm überlegen, keine sinnentleert betriebene Religiosität blendet ihn, kein Jedermann entkommt ihm – es sei denn, die reine Gnade rettet den Sterbenden hinüber in Gottes Arme.

Was sagen mir solche Geschichten? Vielleicht dies: Ich bin nicht allein mit meinen vielen Fragen angesichts des Todes eines lieben Menschen. Generationen vor mir haben sich dem großen Geheimnis des Todes gestellt, merkwürdigerweise, so will es scheinen, weit neugieriger als dem der Geburt.

Ich kann mir den reichen Schatz ihrer Gedanken, Mythen und Legenden anschauen. Sie erzählen über etwas, was mich ganz unmittelbar und schmerzlich berührt – aber aus einer gewissen poetischen Distanz heraus. Sie stellen mir Bilder zur Verfügung, die deuten, die meine Phantasie anregen, die vielleicht sogar helfen und heilen.

Ich suche mir aus, was mir daran guttut. Ich lese, schreibe, male, träume, tanze dazu. Besuche den Friedhof, setze mich unter die Bäume, atme den Blumenduft, betrachte die Darstellungen, die Worte auf Grabsteinen und -stelen. Lasse mir von nichts und niemandem vorschreiben, was richtig ist, suche meinen eigenen Weg.

Und weiß doch, dass keine dieser Geschichten das Bild des Schöpfers einholt oder gar übertrifft, der Mutter und des Vaters im Himmel, der uns alle in der Hand hält, im Tod wie im Leben. Es bleibt ein tieferes Wissen – und ein tieferes Geheimnis hinter allen Erklärungsversuchen.

Das wusste übrigens auch die alte Lappin Kaissa. Kurz vor ihrem Tod, als der Autor Robert Crottet sie ein letztes Mal aufsuchte und beide fühlten, dass dies ein Abschied für immer (auf dieser Welt) sein würde, fragte sie ihn listig schmunzelnd: „Na, wie geht es mit dem Buch, das wir beide zusammengelogen haben?"

Zeig mir Dein Gesicht

Die Geburt hat keines,
die Liebe, die Hochzeit nicht,
nicht die Krankheit und nicht das Leid.

Warum nur Du,
den sie Gevatter nennen –
als wären wir mit Dir verwandt,
Schlafes Bruder, schwarzer Engel,
Freund Hein,
Schnitter und Tänzer,
Erde, die am Ende alles
wieder in ihren Schoß nimmt,
was sie einst gebar …
Was haben wir mit Dir zu schaffen?
Wir leben noch!

Bist Du uns nicht unendlich fremd?
Bist Du uns so vertraut
wie das Ausatmen dem Einatmen,
die Nacht dem Tag,
das Jenseits dem Diesseits?

Zeig mir Dein Gesicht,
Vater der Schatten,
Mutter der sanften Ruhe,
damit ich weiß, mit wem mein Liebstes gegangen ist.
Und damit ich Dich wiedererkenne
eines Tages.

Du holst dir noch den Tod …

… barfuß im Gras,
auf kalten Steinen,
mit nassen Haaren im Wind.

So wenig reicht aus,
Dich herbeizurufen?

Leid-Planken

Eine Zehntelsekunde später wäre es passiert.
Ich war eingeschlafen –
das Kreischen der Bremsen hat mich geweckt.
Sekundenschlaf am Steuer.
Zu müde, zu spät, zu weit, zu schnell.
Im dem Auto, das haarscharf dem Frontalcrash
mit meinem Wagen entgangen war
und schlingernd vor der Leitplanke zu stehen kam,
erkannte ich einen Mann,
auf dem Rücksitz zwei erschrockene Kinder.

„Warum? Warum mein Mann, warum meine Kinder?",
hätte eine Frau, eine Mutter geschrien,
der man die Nachricht überbrachte,
mitten in der Nacht.

„Wie kann Gott das zulassen?"
Ob Gott – wirklich, immer? – etwas damit zu tun hat?
Manchmal bin ich mir nicht sicher, denn:

In dieser Nacht war es nur ich.
Nur zu müde, zu spät, zu weit, zu schnell.
Leben auf der Überholspur, bis zum Anschlag.
Mobilität macht Spaß, bringt Erfolg,
lässt einen den Puls des Lebens spüren.
Und reißt andere in den Tod.
Ich wusste das nicht bis zu jener Nacht.

Wollte nie,
dass die blendenden Scheinwerfer meines Wagens
das Letzte wären,
was ein Mann und seine beiden Kinder
wahrnehmen würden.
Und doch hätte ich es zugelassen.
Zu müde, zu spät, zu weit, zu schnell –
auf meine Verantwortung.

Ob es mir gelingt, die Tachonadel sinken zu lassen,
einen Gang zurückzuschalten,
das Leben wieder langsam zu lernen?
Mit genügend Schlaf,
mit einer großzügigen Uhr,
mit kleineren Wegen und behutsameren Schritten?

Wenn ich all das zulasse –
vielleicht nützt es nicht nur mir,
sondern schützt alle, die mir begegnen,
zwischen zwei Leitplanken.

Ich bin es

Meine Hand pflanzt und reißt aus.
Mein Fuß spürt und zertritt.
Mein Mund küsst und verschlingt.
Mein Wort verschenkt sich und verletzt.
Mein Blick.
Meine Reifen. Meine Scheinwerfer.
Meine unsichtbaren Waffen.
Mein Schweigen.
Manchmal sieht der Tod aus
wie ich.

Meine eigene Geschichte –
Wann ist es Zeit?

Wir alle wissen, dass wir eines Tages von dieser Welt Abschied nehmen und sterben werden. Wenn es uns auch sonst nicht möglich ist, in die Zukunft zu schauen – oder nur in Form von Ahnung und Intuition innerhalb eines sehr begrenzten Zeitraums – diese unumstößliche Tatsache ist gewiss.

Und dennoch versagt wohl den meisten Menschen die Vorstellungskraft, wenn sie daran gehen, sich das eigene Sterben, den Tod und ein mögliches Leben danach wirklich und plastisch vorzustellen. Gleichgültig, wie oft uns das Leben seine Vergänglichkeit vor Augen führt, gleichgültig, wie bewusst wir leben und darin auch den Tod einschließen: Etwas in uns weigert sich, ganz in der Tiefe anzuerkennen: „Eines Tages wird es mich betreffen, wird es meine ureigene Geschichte um Leben und Tod sein."

„Der Tod ist immer gleich, doch jeder stirbt seinen eigenen Tod", sagt die amerikanische Schriftstellerin Carson McCullers in ihrem Roman „Uhr ohne Zeiger", der das letzte Jahr des sterbenskranken Apothekers Malone beschreibt („alone" = engl.: „einsam"). Und: „Jeder stirbt für sich allein", schreibt der deutsche Autor Hans Fallada über unsere (paradoxerweise) vielleicht größte Lebens-Aufgabe.

Als Mutter zweier Kinder, die Tochter und Sohn ohne Arzt und ohne jegliches Schmerzmittel zur Welt gebracht hat, darf ich an dieser Stelle wiederum ein persönliches Erlebnis einflechten, das Geburt und Tod – nicht zum ersten und nicht zum letzten Mal in diesem Büchlein – einander nahebringt:

Wohl werden wir alle geboren und sterben. Die Erfahrung auf halbem Weg dazwischen, nämlich das Gebären/Leben schenken, ist dagegen nicht allen Menschen zugänglich und erhält vielleicht deswegen oft zu wenig Beachtung. Doch sie kann so viel Gegenwart, Vergangenheit und Zukunft enthalten wie kaum ein anderer Moment des Lebens: Gedanken, vielleicht auch ein unbewusstes Erinnern an die eigene Geburt, an Vater und Mutter, an die Kindheit. Das Gefühl, soeben eine Generationenkette weiterzufädeln, die weit in die Zukunft reicht, über die Geburt der Enkel und das persönliche Lebensende hinaus.

Denn genau das eingangs für den Tod beschriebene sichere Wissen über die eigene Zukunft, setzt schlagartig mit der ersten Wehe ein: „Es geht los. Ab jetzt wird es wahr, das bisher Unvorstellbare. Ab jetzt ist es meine und nur noch meine Geschichte. Keiner teilt sie mit mir, keine kann mir letztlich helfen, kein kluger Ratgeber in Buchform ist jetzt noch von Nutzen. Es gibt nur noch mich und meinen Körper, der den Weg besser zu kennen scheint als mein Verstand und mir den Kompass längst aus der Hand genommen hat. Und es gibt mein Kind, das mit absoluter Sicherheit in knapp bemessenen Zukunft zur Welt kommen wird, wie auch immer, und wenn einer von uns oder beide dabei das Leben verlieren sollten."

Ich bin sicher, es wird sich, bei aller Unterschiedlichkeit der Situation, ähnlich anfühlen, wenn einmal meine letzten Stunden anbrechen, und ich weiß: Es geht los. Jetzt wird es wahr, das bisher Unvorstellbare, und es geht nur noch um mich.

Ob mir überhaupt Zeit bleibt, zu denken: „Das war es also. War das alles?“ Oder: „Es ist gut. Und es war gut, so wie es war.“

Oder ob ich noch eine ganze Weile in diesem Bewusstsein leben darf – und keiner glaubt mir, was ich dennoch spüre? Alle besorgten Verwandten versichern mir im Einklang mit Ärztinnen und Pflegern: „Du doch nicht, jedenfalls jetzt noch nicht ...“, statt dem Aufmerksamkeit zu schenken, was ich noch zu sagen, nachzuholen, im letzten Moment unterzubringen habe?

Da halte ich es doch lieber mit meiner Hebamme, die stets auf das ureigene Wissen, die Kraft und die Wahrheit in jedem einzelnen Menschen vertraute. Darauf, dass jeder und jede weiß, wann was so weit ist, und sei es ein elfjähriger krebskranker Junge, der, seinen verzweifelten Lieben an Reife haushoch überlegen, die ganze Krankenhausstation lehrte, mit seinem Sterben und dem Sterben überhaupt umzugehen, so viel besser und weiser als alle, die das Unausweichliche (begreiflicherweise) nicht wahrhaben wollten.

Von wem lassen wir uns sagen, was gut für uns ist, was angebracht, was richtig und weise, was Glück bringt, was Sinn macht, uns näher zu uns selbst, zu unseren Lieben und zu Gott führt? Es gibt tausend und abertausend Möglichkeiten im Leben, die Kunst der Eigenständigkeit zu üben, bevor sie in der Stunde des Todes zwangsweise von uns gefordert wird. Zu sagen: „Ab jetzt ist es meine Geschichte, ab jetzt nehme ich den Kompass in die Hand" – sei es, wenn es um eine Liebe geht, um einen Beruf, ein Hobby, einen Umzug, ein Ende, einen Anfang …

Psychologen sind der Meinung, es sei der Selbsterhaltungstrieb, das leidenschaftliche Streben, das eigene Leben zu schützen und zu erhalten, welches uns davon abhält, den eigenen Tod auch nur in Gedanken vorwegzunehmen. Manche Philosophen sagen: Was wir nicht kennen und nicht ansatzweise nachvollziehen können, selbst wenn es direkt neben uns einem anderen widerfährt, das werden wir niemals wirklich akzeptieren. Wer sich mit Menschen unterhält, die über so genannte Nahtod-Erfahrungen verfügen, wird manches Erstaunliche über den Zwischen-Raum erfahren, der unser gewohntes Sein vom Anders-Sein trennt. Theologen legen uns nahe, dass Gott uns im Jenseits als seine Kinder in die Arme nehmen wird – und dass damit die Sehnsucht, der Glaube und/oder die Hoffnung, die uns ein Leben lang begleitet haben, einen Sinn erhalten und eine Erfüllung finden werden.

Und manche Klugen stellen fest: Der Tod kann uns eigentlich nur positiv überraschen. Denn sollte danach tatsächlich das bloße Nichts auf uns warten, so würde es auch unser Ich vernichten – und folglich wäre dann auch kein Geist und kein Gefühl mehr vorhanden, die mit großem Schrecken die Leere registrieren könnten. Wenn aber Geist und Gefühl das Sterben des Körpers überlebten, so seien sie die Ersten, die das Nichts füllen würden. Wenn mein Ich überlebt, dann lebt seine ganze Welt in ihm und mit mir …

Der österreichische Lyriker Hugo von Hoffmannsthal (1874–1929), Mitbegründer der Salzburger Festspiele, hat achtzehn Jahre vor der Uraufführung seines Mysterienspiels „Jedermann" (1911) als junger Erwachsener ein kurzes Drama mit dem Titel „Der Tor und der Tod" verfasst. Der Tod nähert sich darin dem jungen Edelmann Claudio, der dem Leben bisher distanziert, künstlerisch abgehoben bis arrogant gegenüberstand, sich keinem Menschen jemals geöffnet hat und keinen seinem Herzen nahe kommen ließ.

Jetzt, da Claudio begreift, dass seine letzte Stunde unentrinnbar herangekommen ist, bemerkt er, wie sinnentleert, herzlos und geradezu tot sein Leben war. Gleichsam im Zeitraffer – und damit eine tatsächliche Erfahrung vieler Menschen in Todesnähe andeutend – begegnet der Sterbende noch einmal seiner Mutter, seiner Geliebten, seinem besten Freund. Menschen, deren Liebe er stets zurückgewiesen und missachtet hat, deren Würde und Wert er verkannte und mit Füßen trat. So wird Claudios letzte Stunde zu einer Ewigkeit, die all unsere Zeitbegriffe sprengt, zu einer wahren Achterbahnfahrt der Gefühle, voller Erkenntnis, Reue, Mitleid, Liebe.

Mit keiner Silbe ist die Rede von der Jugend des Edelmannes, der Ungerechtigkeit und Grausamkeit, jetzt schon abberufen zu werden. Vielmehr begreift Claudio schließlich, dass sein Weg nur nach vorne führen kann, dass er sich dem Tod als Begleiter anvertrauen darf und dass dieser ihn nicht ins Reich der

Schatten führen wird, sondern im Gegenteil, ins Licht, in tiefe Erkenntnis, zu allem, was wesentlich ist – und damit ins Leben. Mit seinen letzten Worten erklärt der junge Mann sich einverstanden und offenbart damit jenen Reifungsprozess, für den Jahre nicht ausreichten (und weitere Jahre vielleicht ebenfalls nicht ausgereicht hätten), den er aber jetzt, innerhalb einer einzigen, seiner letzten Stunde, durchlaufen hat:

„Da tot mein Leben war, sei du mein Leben, Tod!
Was zwingt mich, der ich beides nicht erkenne,
Dass ich dich Tod und jenes Leben nenne?
In eine Stunde kannst du Leben pressen,
Mehr als das ganze Leben konnte halten,
Das Schattenhafte will ich ganz vergessen
Und weih mich deinen Wundern und Gewalten."

Erschütternd sind die Schlusssätze des Todes, mit denen er zwar das letzte Wort behält, sich zugleich aber vor den sterblichen Menschen – und damit vor ihrem göttlichen Schöpfer – verneigt:

„Wie wundervoll sind diese Wesen,
Die, was nicht deutbar, dennoch deuten,
Was nie geschrieben wurde, lesen,
Verworrenes beherrschend binden
Und Wege noch im Ewig-Dunkeln finden."

Neun Stunden intensiv

Andere leiden jahrelang,
hoffen, bangen und warten,
halten sich selbst und die anderen
in der Schwebe.
Du hattest es eilig,
wie immer.

Und dennoch war Zeit,
viel Zeit.
Fast wie bei einer Geburt.
Vielleicht war es eine?

Die Schmerzen hatte man dir genommen,
dein Atem ging regelmäßig, künstlich gesteuert,
deine Gesichtszüge vollkommen unbewegt,
dein Geist scheinbar uneinholbar auf Reisen
und dennoch:

Da war eine Auseinandersetzung,
ein stilles Kommen und Gehen,
wie in Wellen und Wehen,
ein Wägen und Warten,
Zögern und Gehen
drei Schritte vorwärts ins Neuland,
zwei zurück zu uns.
Wie bei einer Geburt.
Körper und Seele kennen den Weg.
Es ist der Geist,
der staunt und folgt.

Wir hielten deine Hand,
streichelten dich,
sprachen zu dir und untereinander,
teilten dir letzte Geheimnisse mit,
versöhnten uns an deinem Bett,
überstürzt und notdürftig,
aber immerhin,
sagten dir das bisher noch Ungesagte,
holten nach und griffen vor,
beteten,
spielten deine Lieblingsmusik
von einer Kassette
in einem altertümlichen Walkman,
aßen sogar ein wenig,
tranken Kaffee,
um wachzubleiben und bei Kräften,
um es durchzustehen mit dir.

Nahmen dich in unsere Mitte,
mitten hinein ins Leben.

Sahst du uns?
Hörtest du uns?
Wir nutzten die Gunst der Stunde,
ohne zu wissen,
nur spürend,
allein unseren Gefühlen folgend
Du schienst so weit weg – und so nah
und so ansprechbar wie nie zuvor.
Sehr viel später in der Nacht,
die ersten Sommervögel stimmten draußen schon

ihr verschlafenes Lied an,
holten wir Kissen und Decken,
richteten uns verkrampft ein
auf Stühlen und Bänken,
unter halbgeschlossenen Lidern
dein unbewegtes Gesicht auf dem weißen Kissen
fest im Blick.

Und da, so scheint es,
beschlossest du,
dem Warten und der Ungewissheit
ein Ende zu machen.

Loszulassen und
heim zu gehen,
um uns heimgehen zu lassen.
Einzuschlafen,
um uns noch ein wenig Schlaf zu schenken
in dieser Nacht.

„Nur kein Aufhebens meinetwegen",
hast du oft gesagt.
War es jetzt genug?

Sämtliche Werte stürzten in den Keller,
die Monitore flackerten,
Ärzte und Krankenschwestern eilten herbei,
als der Alarm schrillte,
selbst erstaunt ob dieser plötzlichen Wende.

Hellwach
waren wir sofort wieder bei dir,
ließen uns nicht wegschicken,
tauschten Blicke untereinander und mit den Ärzten.

Keiner sagte ein Wort,
denn es war auch so klar:
Du hattest dich entschieden …

Wir blieben.
Noch lange danach.
Wir hielten deine Hand,
wir streichelten dich.
Du schienst so weit weg –
und so nah.

Dein Weg hatte gerade erst begonnen.
Der erste Schritt nach dem letzten,
mag sein,
das erste Einatmen nach dem letzten,
mag sein.

Wie nach einer Geburt.

An mein Nie-Geborenes

Welche Blume bleibt unbewundert,
welches Bild ungemalt,
welcher Sandkasten unbeackert,
welcher Gedanke ungedacht,
welcher Mensch ungeliebt,
welcher Selbstmörder springt,
weil es
DICH
auf der Welt
nicht gibt?

Ich kann kaum ausdrücken, wie sehr ich alle bewundere, die verwaisten Eltern helfen, zu begreifen, sich mit viel Zeit, Liebe und in Würde von ihrem verstorbenen Kind zu verabschieden. Ihre Aufgabe ist eine so große, wichtige. Denn welcher Weg ist schwerer zu gehen als jener, der zurück ins Leben führt, nach einem solchen Tod, der die Ordnung der Welt, der Zeit und der Generationen vollkommen auf den Kopf stellt? Ohne das Bewusstsein, sich wirklich verabschiedet zu haben, und ohne das Wissen „Du gehst noch immer neben mir" wird kaum ein Schritt möglich sein, werden Geschwister, Partner und Eltern weiter leiden und möglicherweise voreinander erstarren. Einen Dank an alle Begleiterinnen und Begleiter, die behutsam das Licht am Ende des Tunnels weisen.

Der Abgestürzte

„Und ihr habt nichts bemerkt?
Probt die ganze Zeit über an einem so kritischen
Theaterstück, das allen Horror unserer Gesellschaft
beim Namen nennt –
den Lärm, den Müll, die Kälte, den Egoismus, die
Oberflächlichkeit, die Einsamkeit, den Hass gegen
alles, was anders ist,
und einer von euch nimmt sich den Inhalt
so sehr zu Herzen,
dass er innerlich krank wird,
krank an dieser Gesellschaft,
krank am Leben,
dass er aber immer noch weiterspielt,
neben euch, auf ein und derselben Bühne –
und ihr merkt nichts,
bis er eines Tages
nicht mehr zu den Proben erschien,
weil er in der Nacht Tabletten genommen hat,
weil sie ihm den Magen auspumpen mussten
und ihn in die Psychiatrie gesteckt haben,
wegen akuter Selbstmordgefahr?"
Hatten wir wirklich nichts bemerkt?
Wir sahen einander betreten an,
wie schon so oft, seit man ihn gefunden hatte,
bewusstlos,
fast schon jenseits der hauchdünnen Linie
zwischen Leben und Tod, in seinem Appartement.

„Es war doch nur ein Spiel …“,
warf jemand halbherzig ein.
Ein Spiel über die Realität,
ein Stück, aus dem Leben gegriffen.
Ein Spiegel, in dem er die Wirklichkeit sah,
mit erbarmungsloser Klarheit. Zu viel für ihn.
Durchgedreht. Verrückt. Ausgestiegen.
Wer nimmt schon ein Spiel so ernst?
Wer nimmt schon unsere Wirklichkeit so ernst,
dass er daran zerbricht?

Sie haben ihn in den Strafraum geschickt.
Für vier Wochen. Dann würde man weitersehen.
Ob er zurückfände, ob er sich wieder
eingliedern ließe in die Normalität.

Doch wir, seine Freunde, sind seither im Zweifel.
Was heißt „normal“?
Was ist gut und richtig für Körper, Seele und Geist,
was heilt und fördert Menschen?
Und: Wie viel Leid sind wir schon so gewohnt,
dass wir das Mit-Leiden verlernt haben,
während die Hellsichtigen darüber verrückt werden
und die kleine oder große Flucht ergreifen:
mit Flasche und Spritze, Kippe und Kaufrausch,
Endlostrip im Internet oder in der Spielhölle.
Wie viel Ver-rücktheit würde uns gesund machen?
Wie viel Rücksicht, wie viel Zuhören
und Lernen von den Gefährdeten,
den Grenzgängern auf der dünnen Linie
zwischen Spielfeld und Strafraum, Leben und Tod?

Wie alt?

Ich feiere Geburtstag.
Man zählt meine Jahre.
Wie viele? 54?
Stimmt nicht!

So alt ist nur eine einzige Stelle an meinem Körper,
die exakt heute vor 54 Jahren
am Tag meiner Geburt entstand:
Das Zeichen der Abnabelung,
das Mal der Trennung,
des Abschieds und des Neubeginns.

Mein Gehör ist älter.
54 Jahre und vier Monate.
Mein Geschmackssinn ist älter,
sogar mein Geruchssinn, sagt man.
Ich selbst bin älter.
Vielleicht 54 Jahre und neun Monate?

Die Moleküle,
aus denen sich mein Körper zusammensetzt,
sind so alt wie die Erde selbst,
das Wasser, das in meinen Adern kreist,
mag vor Millionen Jahren im Urmeer gewogt sein,
trug als Sintflut die Arche Noah
wurde gar irgendwann König Salomon kredenzt,
von der Königin von Saba,
vergoren mit goldenem Wein.
Wie alt?

Mein Bild in den Köpfen meiner Eltern ist älter,
denn man sagt, ich bin ein Wunschkind.
Und: Wer weiß,
wem ich sonst noch
seit einer Ewigkeit den Kopf verdrehe,
dort über den Sternen?

Mein erster Schritt ist jünger.
54 minus ein Jahr.
Mein erstes Wort,
mein erster Zahn
und mein letzter...
Mein erstes Weinen,
mein erstes Streicheln,
mein erstes Mal?

Manches an mir ist blutjung:
Meine Haut, die sich täglich erneuert
und dabei immer ein bisschen älter wird.
Dieser Text.
Oh – und der kleine Pickel am Kinn.
Leider ganz jung – heute Morgen gefunden!

Manche Träume, die ich gelebt habe,
sind alt,
manche Bilder und Rollen,
die ich ausgefüllt habe.
Andere sind fast so jung
wie der Traum der letzten Nacht.
Und wiederum mit anderen Bildern
gehe ich schwanger

und weiß nicht,
ob ich sie noch auf die Welt bringen werde?

China-Bestaunerin,
Amerika-Tramperin,
Welt-Umrunderin,
Gitarren-Spielerin,
einen langen, ernsthaften Roman
und ein dickes Buch über Feste Schreibende,
immer weiter Tanzende,
mit gesunden Beinen,
auch im Alter Geliebte
mit klarem Geist und aufrechtem Gang.
Großmutter? Urgroßmutter?

Wofür ist es zu spät, was ist noch möglich?

Irgendwann werden sie wieder
zusammenkommen.
Sie sagen: Mein Weg ist zu Ende.
Sie zählen meine Jahre.
Wie viele?
Stimmt nicht!

Sie wird da sein.
Die Neue.
Die ewig Neue.

Reif zum Tode

Wann neigt sich die Zeit dem Ende zu?
Wenn die Knospe stirbt,
weil die Blüte sich öffnet?
Wenn die Blüte verwelkt,
weil die Frucht wächst?
Wenn die Frucht fällt,
um Platz zu schaffen
für die Knospe?

Plötzlich und unerwartet –
Können wir uns vorbereiten?

„Mama, wirst du alt?“ Meine Tochter war keine vier Jahre alt (und ich selbst Mitte dreißig), als sie mit ihrem Zeigefinger die beiden Linien von meinen Nasenflügeln zu den Mundwinkeln entlangfuhr …

„Stimmt's, die alten Leute hier sitzen nur noch am Tisch und warten auf den Tod?“, fragte mein Sohn, ebenfalls im Alter von vier Jahren, als wir eine ehemalige Nachbarin in einem Seniorenwohnheim mit eher bedrückender Atmosphäre besuchten.

Was habe ich damals gesagt? Was sagen wir unseren Kindern und Enkeln? Wie ernst nehmen wir ihre Fragen – und noch viel mehr ihr Wissen? Hören wir ihnen zu, den jungen Philosophen?

Noch einmal mein Sohn, diesmal mit fünf: „Mama, weißt du, was ich glaube: Die Haut ist die Schminke, die der liebe Gott auf unsere Seele getan hat.“

Wer lernt hier von wem?

Oder, eine Lebenslektion vorher: Dass wir zu spät kommen und die geliebte Katze nur noch tot vom Straßenrand aufheben können?

Wer fasst in Worte, was nicht zu sagen ist, wohl aber zu fühlen und zu teilen, in einer Umarmung? „Wir alle fallen. Diese Hand da fällt. Und sieh dir andre an: es ist in allen“, schreibt Rainer Maria Rilke.

Das Wissen um Leben und Tod ist in uns allen, Kindern und Alten. Und wir bringen uns um das Wesentliche, um die Tiefe in unserem Leben, wenn wir stets an der Oberfläche verweilen. Wenn wir uns weigern, dieses Wissen miteinander zu teilen, nicht nur in Form eines gemeinsam angeschauten Sonntagabendkrimis mit zahlreichen Morden oder eines Fantasyepos mit ausufernden Schlachtfeldern …

Die Menschen des Mittelalters hatten diesbezüglich weniger Scheu – und wohl auch weit weniger Möglichkeiten, davonzulaufen und sich zu verstecken. Geburt und Tod waren allgegenwärtig, hautnah, existenziell, abwechselnd selbstverständlich, fast schon banal, dann wieder überwältigend, alles mit sich reißend, einen Schrei nach Hilfe, Anleitung und dem Eingreifen Gottes hervorrufend. Die „ars moriendi", die Kunst des rechten und guten Sterbens und des Heimgangs ins Himmelreich, war darum ebenso sehr geschätzt wie die Lebenskunst oder das moderne „savoir vivre". Lange, bevor uns die Schweizerin Elisabeth Kübler-Ross (1926–2004) den Umgang mit Sterbenden neu erschloss, brachte der elsässische Prediger Johann Geiler von Kaysersberg um 1481 als Übersetzung aus dem Französischen die Anleitung „Wie man sich halten sol by eym sterbenden Menschen" heraus und verfasste wenig später die eigenständige Schrift: „Ein ABC, wie man sich schicken sol, zu einem kostlichen seligen tod."

Es gehört viel Mut dazu, den alten Eltern zuzuhören, wenn sie sich den letzten Fragen annähern – und wie sie es tun. Manche wählen vielleicht schockierend direkte Wege, wie mein schon mehrfach zitierter Vater, der lange vor seinem Tod seiner eigenen Urne einen

Ehrenplatz auf dem Wohnzimmerschrank verschaffte und es somit vorzog, wie die Bauern, die einst ihren Sarg selbst zimmerten, sozusagen Auge in Auge mit der eigenen Vergänglichkeit zu leben. Der schon festlegte, niemand solle Schwarz tragen an seinem Grab, außerdem solle es nach der Beisetzung lieber einen kleinen Imbiss (am liebsten griechisch) für alle als ein großes Essen für wenige geben. Und Frank Sinatras „My Way“ müsse zwingend gespielt werden …

Anderen Verwandten, seien sie jung oder alt, genügen vielleicht Andeutungen, mehr Fragen als Antworten, vielleicht ein Blick, ein Händedruck. Auch Umwege und Irrwege sind zu respektieren, sie sind ureigene Pfade zum ureigenen Sterben.

Und wie hätte ich es gerne für mich selbst? Es gibt so viele Möglichkeiten, das Abschiednehmen zu üben – wie will ich, dass man einst von mir Abschied nimmt? Verdient diese Frage nicht genauso viel Aufmerksamkeit wie die Erörterung eines Hausbaus, einer Gartenanlage, eines Autokaufs, einer langen Traumreise?

Es gehört so viel Mut dazu. Zum Glück haben wir ein Leben lang Zeit, zu lernen. Und jede/r unserer lieben Verstorbenen kann unser Lehrer, unsere Lehrerin sein.

„Lehre uns bedenken, dass wir sterben müssen, auf dass wir klug werden“, lesen wir im Psalm 90, Vers 12. Nicht einmal „weise“ heißt es, sondern „klug“, das heißt vorausschauend, planend, sorgend, auch für die Angehörigen, auf dass sie sich dereinst – also: schon morgen oder erst in dreißig Jahren – nicht ratlos um unser Sterbebett versammeln und sich fragen müssen: „Was wollte sie? Wie wollte er es? Was um alles in der Welt sollen wir tun?"

„Was willst du, dass ich dir tun soll?", fragt Jesus und macht sich damit vom Meister zum Hörenden und Lernenden gegenüber den Menschen, die in Not sind. Zugleich ermuntert er sie, ja, fordert sie sogar heraus, in sich hineinzulauschen und ihren tiefsten, geheimsten, wichtigsten Wünschen auf die Spur zu kommen. Genau in dieser Haltung können wir uns Sterbenden und auch unserem eigenen Sterben nähern.

„Was willst du? Was kann ich (noch) für dich tun?" Vielleicht sind es Kleinigkeiten: Eine Ausfahrt in den Sonnenuntergang über dem Lieblingshügel. Ein vertrautes Lied. Ein Schluck Wein. Eine letzte Begegnung mit einem langjährigen Wegbegleiter. Ein Gebet. Ein Segenszeichen.

Und dann loslassen. In Frieden. Ohne den bitteren Nachgeschmack des „Hätten wir doch noch ..." – „Wäre ich doch, als Zeit war ...". Manches kann eben nicht mehr warten. Gerade im Angesicht des Todes nicht.

Und was wirklich versäumt wurde? Zum Glück scheint es, als reiße er nie ganz, der Draht zwischen Himmel und Erde. Du gehst noch immer neben mir. Also ist auch dann noch Zeit, wenn die Zeit längst abgelaufen ist. Denn was messen schon unsere Uhren? Für die Liebe jedenfalls ist es nie zu spät.

Die Ärztin

Ich weiß nicht, wie es einmal mit mir sein wird.
Vielleicht werde ich wünschen,
sie wäre an meiner Seite,
wenn das Leid zu groß wird,
wenn ich die Schmerzen nicht mehr ertrage
und den endlos sich hinziehenden Abschied.
Wenn ich weiß,
dass ich nie wieder tanzen und verreisen,
nie wieder ein Buch lesen
oder einen Menschen leidenschaftlich umarmen
oder rennen oder lachen
oder auch nur in den Spiegel schauen werde,
ohne den Tod zu sehen.

Vielleicht werde ich sie mir herbeiwünschen,
die Ärztin, die mich verstehen würde,
die meine Leidlinien auslaufen ließe,
wie eine müde gewordene Herzlinie,
die endlich zur ewigen Ruhe findet.

Oder: Werde ich sie bestärken, die Experten,
die einen weiteren Versuch an mir unternehmen,
eine neue Operation, Bestrahlungen,
Medikamente anordnen,
um noch ein paar Tage,
Wochen, Jahre herauszuschinden,
werde ich sie anflehen,
alles nur Menschenmögliche zu wagen?
Noch kenne ich meine Grenze nicht.

Ich wünsche mir mehr Klarheit
und ich werde daran arbeiten:

Wie würde ich mir mein Lebensende wünschen?
Was müsste ich bis dahin unbedingt noch
getan, erlebt, erledigt, bereinigt haben?
Weiche ich aus, wenn die alten Eltern,
die sterbenskranke Freundin, der Freund mit mir
darüber sprechen wollen?

Jesus hat in der Stunde höchster Angst gesagt:
Dein Wille geschehe.
Was werde ich sagen?

Ewige Ruhe

Nichts wolltest du weniger als ausruhen.
Noch nicht. Nicht jetzt.
Unruhiger Geist, stets wach und neugierig,
phantasievoll, lebhaft in deinen Gesten,
ein wenig sprunghaft,
kaum dass du irgendwo Platz genommen hattest,
die Hände selten im Schoß,
nicht abgeklärt, nicht weise,
nicht fertig mit dieser Welt,
warum also mit jener?

„Dann geht es doch erst richtig los!", hast du gesagt.
„Wer dieses bunte Leben geschaffen hat,
kann doch danach nichts Tod-Langweiliges

mit uns vorhaben – Hosianna auf Wolke Sieben,
non-stop, endlos gedehnte Zeit...
Nein – ich bin gespannt,
was danach kommt!“

Du hast gelacht.
Neugierig warst du, tatsächlich,
neugierig auf das Land
hinter dem letzten Schlagbaum,
jenseits des tiefen Flusses.
Möge Gott die ewige Ruhe sparen
für andere.
Was du wolltest,
war Leben!

Letzte Ehre

Du hast sie immer gehasst,
diese langen Abschiede auf dem Bahnhof.
Noch ein Küsschen, noch eine Umarmung,
eine letzte Träne, ein letztes Winken.
Lieber schnell und entschlossen.
Das Leben ist kurz und die Reise lang.

Ich kann die Rücklichter deines Zuges sehen.
Du bist schon weit.
Viel zu weit weg für Sarg und Urne,
Grab und Erde.

Und doch nah genug bei mir,
um mir Worte ins Ohr zu flüstern.
Kleine Kommentare: über diesen und jene,
über den Ernst der Stunde und das viele Schwarz.

Du wolltest doch bunte Kleider,
Lachen unter Tränen,
Gitarrensound oder Musik vom Mittelmeer,
Brot und Wein für alle,
Erinnerungen ja,
aber vor allem Zukunftspläne...

Warum hört dich keiner außer mir?
Warum sprechen alle über dich,
aber nicht mit dir?
So weit bist du doch noch nicht fort!
Oder?

Die Rücklichter werden kleiner.
Der Bahnsteig liegt verlassen.
Der Alptraum in Schwarz kehrt zurück.
Die Last dieses Abschieds
nimmt mir keiner ab.
Auch du nicht.

Nicht für immer

Nicht wie ein Pfeil war ihr Leben –
vom Bogen geschnellt ohne Ziel.
Nicht wie ein Kreis –
immer wiederkehrend in sich selbst gekrümmt.
Ihr Weg glich einer Spirale.

Die Spirale.
Mit mühsamen,
scheinbar immer kleiner werdenden Schritten
die Mitte suchend,
die Konzentration, die Tiefe.
Auch: den Ursprung.
Das Geheimnis unseres „Woher?"

Die Spirale.
Mit scheinbar mühelosen,
immer weiter ausgreifenden Tanzschritten
Grenzen abtasten und überschreiten,
den Austausch mit anderen,
die Weite suchen.
Auch: das Ziel,
das Geheimnis unseres „Wohin?"

Die Spirale.
Nach innen und außen,
nach oben und unten.
Der persönliche Lebensweg unserer Freundin.
Und mehr.
Der Weg, den die Sterne beschreiben

und das winzige Schneckenhaus in unserer Hand.
der Weg allen Lebens.
Unendlich kompliziert
und ganz einfach,
ganz weise.

Der letzte Weg unserer Freundin auf dieser Erde
soll – so hat sie es sich gewünscht –
ein Stück dieses Lebensweges zeigen.
Wir wollen diesem Wunsch entsprechen
mit ganz einfachen Gesten und Zeichen.
Alle, die unsere Freundin
auf diese Weise begleiten möchten,
können einen kleinen, etwa kieselgroßen Stein
mit an ihr Grab bringen.
Gemeinsam werden wir aus diesen Steinen
in feuchtem Ton eine Spirale legen.
Einige werden dabei vielleicht –
wie unsere liebe Verstorbene es sich wünschte –
Gedanken aussprechen, Gefühle,
Erinnerungen, Ereignisse.
Andere werden ihren Stein schweigend
in das Gesamtbild einfügen.

Ein Weg im Kleinen wird entstehen,
der bleibt
und einen würdigen Platz am Grab finden wird.
Die Spirale, die ihren Lebensweg widerspiegelt
und unseren eigenen.
Denn wir nehmen Abschied,
doch nicht für immer.

Wir bleiben nur zurück
an der Schwelle
die sie
vor uns
überschreitet.

Aus der Traueranzeige für eine Freundin, die vor ihrem Tod die Gestaltung ihrer eigenen Trauerfeier bis ins Detail festgelegt und mit der Familie, den Freundinnen und Freunden besprochen hatte. Unter anderem hatte sie sich ein Ritual gewünscht, das ihre Lieben mit ihr selbst und untereinander verbinden sollte: das gemeinsame Legen einer Spirale aus kleinen, mitgebrachten Steinen. Dank der vorbereitenden Worte in der Traueranzeige und der sorgsamen Anleitung während der Feier gelang dieses Experiment und wurde zu einem sehr intensiven Moment der Erinnerung und Würdigung, des Schmerzes, aber auch der Freude über das gemeinsam Erlebte. Und des Gefühls, im Leid nicht allein zu sein, sondern von der Gemeinschaft der Versammelten getragen zu werden. Den ersten Stein setzte der Ehemann der Verstorbenen in den feuchten Ton ein. Die Spirale wurde später fixiert und fand einen Platz neben dem Grabstein.

Aus tiefer Not –
Mein Gott, wo bist du?

Sie kommen nicht davon los, die Menschen. Wo immer der Schöpfer ihnen Grenzen gesetzt hat, gebrauchen sie sämtliche Gaben, die er ihnen verliehen hat, um Zäune zu übersteigen, Gräben zu überspringen und auf die andere Seite zu gelangen. Immer weiter. Die Sehnsucht zieht sie nach vorn, der Glaube an sich selbst, stärker als der Glaube an jede andere Macht, und sei sie göttlich.

Sein wie Gott. Nicht Geschöpf, sondern Schöpfer. Nicht vergänglich, sondern unsterblich. Nicht unmündig wie die Kinder, sondern allwissend wie der Vater. Dafür essen sie verbotene Äpfel, töten ihren Bruder, lassen die Sintflut über sich zusammenschlagen und vergessen das Strafgericht gleich wieder, kaum dass die Wasser versickert sind.

Und dann: der Turm! „Auf, bauen wir uns eine Stadt und einen Turm, mit einer Spitze bis zum Himmel, und machen wir uns damit einen Namen …“. Das gemeinsame Ziel einigt sie, sie sprechen eine Sprache, die Berechnungen stimmen, das Heer der Meister und Sklaven steht bereit, die ersten Materiallieferungen treffen ein. Und schon steht die erste Stufe der Himmelstreppe, die zweite, die siebente. Immer schneller, immer höher, weiter, immer mehr …

„Da stieg der Herr herab, um sich die Stadt und den Turm anzusehen, die die Menschenkinder bauten.“ Allzu hoch scheinen sie nicht gekommen zu sein, die Menschenkinder, jedenfalls nicht nach den Maßstäben Gottes, wenn er zu ihnen hinabsteigen muss. Aber doch so hoch, dass der Vater eingreift.

Er bestätigt die Grenzen zwischen Gott und Mensch. Er setzt neue Grenzen: Sprachbarrieren. Er nimmt Sicherheiten, zerstreut die Menschen über die ganze Erde. Heimatlose Himmelstürmer sind wir seitdem.

Vielleicht steckt viel Weises und Gutes darin, dass Gott uns auf den Boden der Tatsachen zurückgeholt hat. Vielleicht sollten wir eher Brücken zueinander als Türme nach oben bauen.

Die Sehnsucht wird uns trotzdem nicht loslassen. Wenn schon nicht „sein wie Gott“, dann wenigstens „bei Gott sein“? Oder: Gibt es einen umgekehrten Weg, vom Schöpfer zum Geschöpf?

Und wenn ja – wann benutzt Gott diesen Weg, wann greift er ein? Nur dann, wenn er strafen muss? Wenn der Vater mit einer Handbewegung den Aufbau aus Tisch, Stuhl und Fußbänkchen zerstören kann, den das Kind kunstvoll errichtet hat, um die Keksdose auf dem Schrank zu erreichen? Oder auch rettend, barmherzig, freundlich?

Die ersten Treppentürme zu Babel wurden erbaut in der Hoffnung, die Götter würden sie nutzen und ein paar Stufen aus ihrem fernen, entrückten Jenseits herabsteigen, um auf halbem Weg Wohnung zu nehmen bei den Menschen.

Trans-Zendenz heißt Über-Schreitung. Wäre Glauben überhaupt möglich, ohne die Sehnsucht, Grenzen abzutasten, zu überschreiten und weiterzugehen? Wäre Re-Ligion, Rück-Bindung an unseren Ursprung bei Gott, möglich, ohne die Sehnsucht, den Grund und das Ziel kennen zu lernen?

Ich möchte der Sehnsucht nachgehen, so weit es möglich und gut ist. Ich möchte dort stehen bleiben, wo die Sehnsucht aufhört und die Anmaßung beginnt, und warten.

Denn unser Gott ist nicht nur ein paar Stufen des Turmes herabgestiegen – und er kam nicht, um seine Allmacht zu demonstrieren und um zu strafen.

Weil wir nicht sein können wie Gott, ist er geworden wie ein Mensch. In allem uns gleich, bis in den Schmerz hinein, die Angst, die Verzweiflung, das Verspottet-Werden, die letzte Einsamkeit, sogar bis in die Gottferne hinein, bis in das Sterben und den Tod.

Seitdem gibt es keine Situation in meinem Leben mehr, kein Gefühl der Hilflosigkeit, der Trauer, der Wut oder des Widerspruchs, von dem ich sagen könnte: Hier ist Gott mir nicht nahe.

Er ging durch das Sterben, damit alle, die nach ihm kamen, nie mehr von Gott verlassen wären. Er hat alles verwandelt und uns alle hineingenommen in den Ostermorgen, in seine Auferstehung.

Ich kann also ruhig warten, dort wo mein Wissen, mein Können, mein Leben an ihre endgültigen Grenzen stoßen. Denn ich weiß, auf der anderen Seite kommt mir einer entgegen, dessen Zuneigung und Liebe zu uns Menschen grenzenlos ist.

Bleibet

Du hast nicht gesagt:
„Ich bin die Blüte,
ihr seid die federleichten Blätter,
die der erste Windhauch verweht.“

Du hast gesagt:
„Ich bin der Weinstock,
ihr seid die Reben.
Bleibet.
Ihr werdet reiche Frucht tragen.“

So vieles verweht
der erste Windhauch.

Ich brauche die Kraft,
in der ich bleiben kann.

Durchkreuzt

„Mein Gott, mein Gott, warum hast Du mich verlassen!“

Ich weiß, dass dies
die Worte eines uralten Psalms sind,
ein Gebet, das er spricht.
Und dennoch.
Mit diesem Schrei der Verlassenheit am Kreuz
hat er alles durchkreuzt,
was ich je von ihm erhofft habe.

Wo ist das fromme Gebet deiner Eltern an Jahwe,
Jesus von Nazareth,
wo das „Vater unser",
das du einst deine Jünger lehrtest?
Und dein flehendes „Abba" im Garten
blieb ungehört?
Dein Schrei durchkreuzt meine Vorstellungen
von deinem Einssein mit dem Vater,
von deiner Sicherheit, Redegewandtheit, Schönheit.
Du schweigst wie ein Opferlamm –
Statt ihre Richtertische umzustürzen.
Du leidest, statt dich zu wehren.
Du nimmst hin, statt dir zu nehmen, was dein ist:
Dein gutes Recht, deine Würde.

Musst du so tief sinken?
So tief in unser Menschsein?
Dorthin, wo es nicht mehr schön ist,
nicht sicher und gewandt –
nur noch erbarmungswürdig: gefoltert, vergast,
ausgebombt,
auf dem Scheiterhaufen verbrannt, vergewaltigt,
verhungert an Leib und Seele?

Musst du so tief sinken wie wir,
um uns alle an dich zu ziehen,
mit dir zu reißen, herauszutragen
aus den Abgründen ins Licht,
aus dem Schrei deines Kreuzes
in den Jubel
deiner Auferstehung?

Der Mann aus Nazareth

Es gibt viele Söhne und Töchter
eines Gottes oder einer Göttin in den alten Mythen.
Doch von keinem und keiner
ist so viel Erbarmen und Mit-Leid überliefert
wie von Jesus, dem Mann aus Nazareth.
Keiner von ihnen hat der Menschheit
ein so großzügiges, gütiges Angebot unterbreitet:
„Kommet alle zu mir, die ihr mühselig
und beladen seid – ich will euch erquicken."

Wusste er, was sie ihm aufbürden würden,
die Beladenen, die in Scharen kamen
mit ihren Leiden, ihren Krankheiten,
ihren Ohnmachten
angesichts der Tyrannei der Mächtigen,
angesichts des Todes eines Kindes, eines Bruders,
mit ihrem Dünkel und ihrer Angst,
ihrer verzweifelten Suche nach einem Gott,
an dessen Tür man anklopfen kann, jederzeit,
wie ein verlorener Sohn, eine Tochter –
und er wartet, mit weit geöffneten Armen?

Eine riesige, balkenschwere Last war es,
die man ihm am Ende auferlegte,
so untragbar, dass er dreimal darunter stürzte
und schließlich starb an seinem Kreuz.

Zu viel für einen Menschen.
Ein Narr, wer etwas anderes erwartet hatte.

Und Narren, Träumer und gemeingefährliche Verrückte nannte man auch seine Anhänger
in den ersten Jahren.
Eines der frühesten außerchristlichen Zeugnisse
für den neuen Glauben, ein kleine Ritzzeichnung,
zeigt einen Knienden vor einem Kreuz,
an dem ein Esel hängt.

Ein Gott,
der den Tod der Sklaven und Verbrecher stirbt,
der sich zum Narren und Verlierer machen lässt –
ein Unding, ein Ärgernis, eine Schande,
ein Skandal im Vergleich
mit den enthobenen Lichtgestalten des Olymp.
Zu nahe uns Sterblichen.

Und doch trug seine Lehre Funken in sich,
die noch immer fortbrennen,
war sein Mit-Leid voller Leidenschaft,
sein Narr-Sein voller Visionen einer Welt
mit veränderten Maßstäben,
die er „Reich Gottes“ nannte,
sein Tod voller Hoffnung auf neues Leben.

Wie viel von dieser Wärme und Leidenschaft,
Verrücktheit und Hoffnung,
die einst als nicht gesellschaftsfähig galten,
haben wir uns bewahrt?

Was verliere ich, wenn ich meine Angst aufgebe,
mich zum Narren zu machen,

mich auf die Verliererseite stelle,
wenigstens ab und zu,
wenn ich Mitleid zeige, Erbarmen, Solidarität,
wenn ich von Herzen sage:
„Komm zu mir, du Mühseliger, du Beladene ...“,
und sei es nur einmal im Monat
zu einem einzigen Menschen?

Gott ist wie Brot

„Eigentlich hätte ich als Hausherr längst wieder bei meiner Familie sein müssen, um das Paschamahl zum Abschluss zu bringen – und außerdem ist es sonst nicht meine Art, an der Tür zu lauschen oder gar durch ein Astloch zu spähen. Aber ich musste einfach herausbekommen, wie er diesen besonderen Abend mit seinen Freunden begehen würde.

Ich habe keine Sekunde gezögert, als die Zwölf gegen Mittag zu mir kamen und fragten: ‚Wo ist der Raum, in dem der Rabbi mit uns das Paschalamm essen kann?‘ Soweit ich sehen konnte, hatten sie alles dabei, was man für das Mahl braucht: Das Lamm, an dem kein Bein zerbrochen ist. Ungesäuertes Fladenbrot und Bitterkräuter. Ob ich ihnen Trinkwasser und Wein bereitstellen könnte, auch Waschwasser, um die staubigen Füße zu reinigen? Ich habe keine Sekunde gezögert und ihnen das schöne Obergemach meines Hauses zur Verfügung gestellt, obwohl ich weiß, es könnte gefährlich werden, ihn aufzunehmen. Die Stimmung im Hohen Rat ist gegen ihn und man munkelt, es könne da eine Schlinge geben die sich langsam zuzieht um ihn und seine Freunde …

Ich bin hinuntergegangen und habe das Paschamahl mit meiner Familie begonnen, so wie es unser Volk seit mehr als tausend Jahren immer wieder und an allen Orten der Welt feiert. Das Mahl unserer Befreiung, das Mahl, mit dem wir uns an die Nacht des Auszugs aus Ägypten erinnern. Ein Zeichen unserer Verbindung mit Gott – ähnlich wie der Regenbogen, den Gott schon dem Noah als Zeichen seiner Nähe und seines Schutzes gegeben hat …

Ich war unruhig. Ob er, Jesus, und seine Freunde auch aufbrechen würden, vielleicht gleich nach dem Mahl? Fliehen, ehe es zu spät war? Oder: endlich den Aufstand wagen, der Israel befreien könnte aus der Hand der Römer wie damals aus der Hand der Ägypter? War dies wieder eine Nacht der Nächte? Wie vor mehr als tausend Jahren?

Ich stahl mich aus dem Kreis meiner Lieben, schlich mich nach oben, wäre auf der Stiege fast mit einem seiner Freunde zusammengestoßen, der wie gehetzt hinunter gestürmt kam und nichts rundum wahrzunehmen schien – mich zum Glück auch nicht.

Er war gerade dabei, das Brot zu brechen und an seine Freunde auszuteilen. ‚Nehmt', sagte er, ‚und esset alle davon. Das ist mein Leib, der für euch hingegeben wird. Tut dies zu meinem Gedächtnis.'

Er wird sterben, war mein erster Gedanke, und er weiß es. Dieses Paschamahl ist sein Abschiedsmahl. Ich musste mich setzen. Wie oft hat er sich mit Brot verglichen, das den Hunger stillt, dachte ich, wie viele

Wunder mit Brot gewirkt. Will er sich nun wirklich hingeben, austeilen unter die Menschen wie ein Stück Brot – und ist dieses Mahl ein Zeichen dafür?

Ich musste wieder durch das Astloch schauen. Drinnen nahm Jesus nun auch den Kelch und gab ihn seinen Freunden mit den Worten: ‚Dieser Kelch ist der neue Kelch in meinem Blut, das für euch vergossen wird.'

Wieder diese Hingabe. Für euch. Und dann das Wort vom Bund, von einem Neuen Bund. Also nicht Noahs Regenbogen, der uns sagt: Gott ist über euch. Und nicht das Paschamahl des Aufbruchs, das uns sagt: Gott zieht mit euch. Einfach Brot und Wein? Das heißt: Gott ist mitten unter euch, er ist so gar in euch wie ein Stück Brot, wie ein Schluck Wein, ganz einfach und selbstverständlich, aber lebensnotwendig. Gott lässt sich austeilen und mitteilen unter Menschen, die zu einem Mahl zusammenkommen. Immer wieder, auch in tausend Jahren noch und überall auf der Welt? Wer ist er, dass er dieses Mahl zu seinem Zeichen macht? Der, auf den wir gewartet haben?

Er wird nicht fliehen, glaube ich, und er wird nicht mit dem Schwert dreinschlagen. Gott flieht nicht in dieser Nacht und er braucht keine Gewalt.

Er will bei uns bleiben wie ein Stück Brot, wie ein Schluck Wein und uns zusammenhalten wie eine Familie beim Mahl. ‚Tut dies zu meinem Gedächtnis' – ich werde an ihn denken, wenn ich nächstes Jahr das Paschamahl mit meiner Familie esse. Und sicher wird er bei uns sein, was auch heute oder morgen mit ihm geschehen mag."

Den Weg zu Ende gehen

Mit dem letzten Atemzug
erreicht mein Lebensfluss seine Mündung.
Etwas geht zu Ende,
damit etwas Neues beginnen kann –
mit mir und nach mir.
Etwas stirbt,
etwas feiert Auferstehung.

Wie leicht fällt es mir,
das zu akzeptieren?
Üben und lernen kann ich es jeden Tag:
Jedes Ausatmen ist ein Abschied,
ein Ende, ein winziger Tod,
jedes Einatmen ein Willkommen-Heißen,
ein Anfang, ein neues Leben.
Jedes verlorene Haar, jeder wacklige Zahn,
jeder Schmerz in den Knochen –
ebenso wie jeder neue Morgen,
jeder gute Gedanke,
jede ausgestreckte Hand.

So nah beieinander
sind Tod und Leben.

Welche Abschiede gab es bisher für mich?
Solche, die ich leichten Herzens akzeptiert,
vielleicht sogar selbst herbeigeführt habe.
Andere, bei denen ich nicht wusste,
wie ich den nächsten Tag überstehen sollte …

Was ist aus ihnen geworden,
den Gewohnheiten und Erinnerungen,
den Häusern, Orten und Menschen,
die ich hinter mir zurückgelassen habe?

Was denke ich über meinen Abschied
von dieser Welt?
Werde ich festhalten wollen,
was so flüchtig ist wie ein Hauch?
Oder werde ich befreit ausatmen
und mich auf den Weg machen
mit leichtem Gepäck und leichtem Herzen?

Jeder Tag ist ein Angebot
beides einzuüben,
Abschied und Neubeginn,
meinen Frieden damit zu machen,
dass mein eigener Lebensfluss
einmal ins Meer münden,
meine Melodie mit einem Schlussakkord enden,
mein Atem die ganz große Pause machen wird
und ich nicht weiß,
was danach kommt.

Ich kann mich bewusst trennen,
von Dingen, die mich beschweren.
Ich kann Menschen,
die vielleicht längst ziehen wollten,
freigeben und sie ihr eigenes Glück finden lassen.

Ich kann meinen Weg zu Ende gehen
im Vertrauen darauf,
dass das Ende nicht das Ende ist.

Im Glauben an den, der,
auch im Angesicht seiner letzten Wegstrecke,
gesagt hat:
„Ich bin die Auferstehung und das Leben."

Passions-Zeit
Sieben Wochen für das Mit-Leid

Sieben Wochen entlang der Leid-Linien
im Gesicht meiner Mutter,
meines Bruders und meiner Schwester,
des Fremden, der mir auf der Straße begegnet,
der Unbekannten, die über den Bildschirm flimmert?

Sieben Wochen Tastversuche
in meinem eigenen Gesicht?
Ohne wegzuschauen?
Mit mehr Mut, nachzufahren und nachzufragen,
mit Fingerspitzengefühl,
offenen Ohren und zärtlichen Augen,
nachzuforschen, woher,
anzuschauen, wohin.

Das braucht Zeit, Ehrlichkeit und Behutsamkeit.
Das heißt, die Kunst des Mitfühlens
und des Mitleidens einüben,

ohne den eigenen Standpunkt aufzugeben,
ohne zu vereinnahmen.
Der Ausweg, den ich sehe,
kann für andere ein Irrweg sein.
Die Leit-Linien,
mit denen ich Ordnung ins Chaos bringen würde,
könnten neuen Narben zufügen.

Der patente Leit-Faden
„So einfach ist das Glücklichsein“
hilft mir nicht weiter.

Aber vielleicht dies?
Ich lese die zweitausend Jahre alte Geschichte
von einem, der das tiefste Dunkel kennenlernte,
der freiwillig hineinging,
wenn auch voller Angst,
der vor dem Tod nicht haltmachte.

Ich kenne sein Gesicht –
Haupt voll Blut und Wunden.
Es schaut mich von allen Kreuzen der Welt an –
und gleicht den Gesichtern aller, die leiden.
Es trägt die Linien
von Geißelschlägen, Dornenkronen und Spott,
Verachtung, Lieblosigkeit, Hass.
Das Gesicht der Passion,
des Leidens
und der Leidenschaft für uns Menschen,
das Gesicht eines Gottes,
der uns ins tiefste Dunkel folgte

und genau dort eine Tür aufstieß,
mitten hinein ins Licht und ins Leben.

Wenn das möglich wäre:
Meine Hand in dieses Licht tauchen,
das Leben ist und Liebe in Fülle
und die Linien des Leides berühren –
in einem anderen Gesicht
in meinem eigenen,
damit die Augen sich öffnen – vielleicht,
damit der Mund sich öffnet – vielleicht,
damit Abschied und Trennung
sich zu wandeln beginnen,
in einen Hoffnungsschimmer
inmitten der Dunkelheit,
in einen Ausweg,
der zumindest einen Versuch wert ist,
in eine winzige Auferstehung
nach einer langen Passion.

Meine Zeit in Deinen Händen

Man müsste noch mal Zwanzig sein.

Die Zeit zurückdrehen,
bis sie wieder ganz die gute alte ist.

Wenn man doch ungeschehen machen
und anders entscheiden könnte.
Lieber diesen Händedruck erwidern

und jenen Kuss.
Lieber hier ein klares Nein wagen
und dort ein mutiges Ja.
Ihr und ihm verzeihen,
bevor der Tod uns scheidet.
Den Blick aufheben zu den Bergen,
statt ihn kleinmütig zu senken.
Wenn man doch einmal noch …

Zeit steht nicht still.
Sie kennt keine Atempause
und kein Zurück.
Stillstand ist Tod.
Umkehr unmöglich.

Nichts wird die Zeiger aufhalten
außer Deinem Arm, mein Gott.
Deine Uhren gehen anders,
Dein Maß ist großzügiger, gütiger.
Zeige mir, wo ich das Steuer herumreißen
und von vorne beginnen kann,
wo die gute neue Zeit anfängt
und meine zweite Chance liegt.

Meine Zeit steht in Deinen Händen.

Gott ist tiefer

Wenn ich
seine korrekten theologischen Namen kenne
und seine Koordinaten,
seine Pläne für die Menschheit und die Christenheit,
wenn ich ihn so klein gemacht habe,
dass er kaum noch Raum einnimmt
und mit Leichtigkeit in meinen Kopf passt –
dann habe ich mit Sicherheit
an ihm vorbeigedacht.

Gott ist größer und tiefer.

Ich will da sein vor ihm.
Immer wieder einmal,
früh morgens,
in der Mittagspause,
am Abend, wenn mein Tag zur Ruhe kommt.

Einfach nur da sein.
Ohne ihn fassen
und ihn auf mein Maß zurechtstutzen zu wollen.
Ohne kunstvolle Worte und Lieder
und den Lärm meiner eigenen Gedanken.

Nur seine Größe
und Grenzenlosigkeit spüren,
mich annehmen
uns ins Weite tragen lassen.

Nirvana

Das Nichts
und das Ganze
das Einssein
der Urgrund
das Namenlose …

… wird es deinen Namen auslöschen?
Dein Ich? Mein Du?
Ich will nicht,
dass du vergehst wie Staub.

Lege dein Ich
in die Hände dessen,
der dich beim Namen gerufen hat.

Du bist sein.
Das Jenseits ist bewohnt.
Der Himmel hat ein Gesicht,
Hände, die dich auffangen,
einen Geist,
der deine Angst sieht,
der deinen Gedanken antwortet,
deine Einzigartigkeit wahrt,
dein Leben vollendet.

Warum also
solltest du dich verlieren?
Du wirst dich finden.

Dein Grab

Ich pflanze Blumen.
Ich rupfe Unkraut – nur ganz wenig,
ich halte es kaum aus,
den Tod zu bringen.
Regentropfen auf dem Stein.
Warum überhaupt Stein?
Warum nicht Sand und Muscheln,
ein Vorhang aus Wasser und Tränen
oder Sonnenstrahlen, Kerzenlicht,
Sternenstaub.
Ich stelle eine einzelne Rose
in die Vase.
Ich rede mit dir.
Erzähle dir, frage dich.
Lausche.
Der Wind antwortet.
Und du?
Wo bist du?
Nicht hier und doch …
Wo werde ich sein?
Sag mir:
Bei dir?

Was mir hilft –
Wer will es mir verbieten?

Das Flüstern im Tanzkreis war kaum zu überhören.

„Mutig ist es ja, jetzt schon hierher zu kommen ..."

„Dabei ist er noch keine fünf Monate unter der Erde!"

„Und Schwarz trägt sie auch nicht mehr ..."

„Ja, sie hat sich wahrscheinlich schnell getröstet."

„Lasst sie doch, wenn es ihr gut tut!"

Das Motto heißt: weghören. Wie immer, wenn mir andere das raten, was nur für sie zutrifft. Meine Geschichte zu ihrer machen, mein Leben leben wollen. Das ist genauso wenig möglich, wie meinen Tod anderen zuzuschieben.

Die einen halten sich an den umfangreichen Formalitäten der Bestattung fest, geben perfekte Anzeigen auf, regeln sämtliche Bank- und Behördengänge, kündigen alle Abonnements und schlagen bei der Post auf den Tisch, die immer noch Briefe mit der Anschrift des Verstorbenen zustellt. So stark und selbstbewusst – bis sie nach zwei, drei Monaten in das große Loch fallen. Und in letzter Sekunde nach der rettenden Hand einer Freundin greifen.

Die einen räumen Schränke aus, verschenken Kameras, CD-Player, Autos und sogar das geliebte Klavier – die anderen lassen alles vollkommen unberührt: Das Zimmer, das Bett, den Schreibtisch, den Parfumflakon vor dem Spiegel, sogar den Knick im Lieblingskissen. Als käme sie morgen zurück – als stünde er in der nächsten Sekunde wieder im Türrahmen und sagte: „Hallo, wie geht's?", mit einem kleinen Lächeln.

Die Seele lernt so langsam, aber sehr gründlich. Und in ihrem ganz eigenen Takt. Manchmal mit Sturmschritten, Abgründe überspringend. Manchmal wie blind sich vorwärts tastend, niemals so ganz begreifend. Und niemals ganz falsch.

„Ich konnte erst über den Tod meiner Mutter trauern, als ich es wagte, mir eine alte Familien-DVD anzuschauen", erzählte eine Freundin. „Da war sie, bei der Goldenen Hochzeit, Papa an ihrer Seite, so heiter und so lebendig, wie ich sie in Erinnerung hatte. Nicht mehr verhärmt von den endlosen Therapien, völlig verändert durch die Medikamente, mal hilflos wie ein Kind, dann wieder eigensinnig bis fast zur Lieblosigkeit. Da war sie! Ich konnte sie sehen, hören – und endlich weinen ..."

Wann schaffe ich das? Ein Bild anzuschauen? Einen Film? Etwas im Zimmer zu verändern? Den Hörer abzunehmen? Einen Blick zu erwidern? Gar um Hilfe zu bitten? Hilfe anzunehmen? Ein Lachen zu wagen? Oder: Wegzuhören, wenn sie sagen, ich trauere falsch?

Wer sieht schon, dass ich nicht allein für mich tanze? Oder singe? Sondern auch für dich, der du in der nächsten Sekunde wieder im Türrahmen stehen könntest?

Weil ich weiß: Du willst, dass ich lebe.

Fremde Tränen

Zu den einen kann ich nicht mehr gehen.
Ihre Anrufe sind seltener geworden.
Sie wechseln die Straßenseite,
suchen hilflos nach Worten.
„Wie geht's?“, kann man mich nicht fragen,
denn dann beginnt sie ja von vorne,
meine Geschichte,
deine Geschichte,
die keiner mehr hören will.

Es hat lange gedauert,
bis ich mich eines Tages,
als ich an deinem Grab stand,
einfach umdrehte
und sie sah,
die anderen,
Menschen wie ich,
Verwaiste, Verwitwete, Verlassene,
an ihren Gräbern,
neben und hinter deinem Grab,
ganz nah,
zum Greifen nah,
zum Reden nah,
zum Verstehen nah.

Jeder braucht eine Klagemauer

Jeder braucht
einen Platz,
um sich auszusprechen,
auszuweinen, anzulehnen,
schwach zu sein.

Jeder.
Der kleine Bub,
dem man gesagt hat,
dass Jungen nicht weinen,
genauso wie der Star,
der seinen Ruhm nicht verkraftet.
Die Frau,
der die Sorgen ihrer Kinder
wichtiger sind als ihre eigenen,
genauso wie der Geschäftsmann,
der am Konkurrenzkampf zerbricht.

Einen Platz,
wo der Schmerz gut aufgehoben ist.
Für die Menschen jüdischen Glaubens
ist dieser Ort
die letzte Mauer ihres zerstörten Tempels,
die Klagemauer.

Es gibt viele Klagemauern.
Für jeden.

Ein Zettel,
ein Tagebuch,
ein Brief.
Der alte Baum, den ich gut kenne,
Musik, die ich mag.
Ein Gebet.

Und es gibt Menschen,
die mir zuhören und antworten.
Ich möchte den Mut haben,
sie um Hilfe zu bitten.
Vielleicht braucht morgen jemand
mich
als Klagemauer.

Schritt für Schritt

Es ist nicht allein
unsere eigene Kraft,
mit der wir die Trauer überwinden,
wenn ein geliebter Mensch
uns zurücklässt.

Er selbst,
der Mensch, den wir lieben,
nimmt uns an der Hand
und führt uns Schritt für Schritt
aus der Trauer zur Hoffnung.

Er gibt uns auf diese Weise ein Zeichen,
das wir umso besser verstehen,
je mehr unsere Trauer sich wandelt.

Er will uns sagen:
„Seht, so ist es in der Welt,
in der ich jetzt lebe.
Unsere Trauer ist darin überwunden,
unsere Hoffnung erfüllt."

Wenn es doch heilt!

Was mir hilft:
Schreiben und Schreien (viel zu leise),
Weinen, manchmal auch: meine Tränen verbergen.
Tanzen – ja wirklich!
Wer will es mir verbieten,
wenn es doch heilt!
Und Singen, aber bitte nichts Getragenes.
Essen – geht noch nicht so gut.
Trinken, Rauchen, Tabletten?
Ja, ich weiß,
mit diesen Helfern will ich gar nicht erst anfangen.
An dich denken.
Mit dir reden.

Nur dein Zimmer …
Dein Zimmer nicht!

Alles hat seine Zeit –
Wie kostbar ist der Augenblick?

Noch einmal möchte ich Robert Crottet zitieren, den Autoren, der über lange Jahre hin bei den Skoltlappen im nördlichen Finnland in die Lehre ging und von ihnen vieles über Leben und Tod lernte: „Es bedeutet so wenig, fortzugehen", schreibt er in seinem Buch „Negri – Tagebuch eine Katze". „Jeden Tag, jede Stunde, jede Minute geht man fort. Niemals kehrt man zurück. Man geht mit den Tagen dahin, die Minuten gehen eine nach der anderen dahin, und niemals sind es dieselben, die zurückkehren."

„Man steigt nicht zweimal in den gleichen Fluss", stellte der griechische Philosoph Heraklit (520–460 v. Chr.) fest. Wenn ich mich zum zweiten Mal in die Wellen werfe, habe ich selbst mich in der Zwischenzeit verändert, und auch das Wasser ist nicht mehr dasselbe wie bei meinem ersten Bad.

„Panta rhei – Alles fließt", sagten die antiken Griechen gemeinsam mit den Buddhisten, ohne etwas von bewegten Atomen und Molekülen zu wissen, die tatsächlich selbst Stein und Stahl zu fließenden Gebilden machen.

Dieser Fluss der Zeit, den wir oft so lebendig empfinden, hat in seiner Wandelbarkeit etwas Wunderschönes in sich, ein große Chance: Nichts muss so bleiben, wie es war, die Zeit wird alles weisen und verändern, auch mein augenblickliches Leid.

Gleichzeitig spüren wir aber die Unerbittlichkeit dieses Vorwärtsdrängens, das doch wesentlich, wie uns die Physiker und die Philosophen versichern, nur in unserer Vorstellungskraft existiert und das wir selbst geschaffen haben, um unserem Leben eine Ordnung und einen Rhythmus zu verleihen.

„Kann ich noch einmal dahin zurück? Kann ich noch einmal klein sein?", fragen Kinder beim Betrachten der Videos von ihrem ersten Geburtstag. Nein, ein Zurück in die Vergangenheit gibt es nicht, ein übereiltes Vorwärts in die Zukunft aber auch nicht. Nur eine Aneinanderreihung von Augenblicken, die wir Gegenwart nennen und die sich vielleicht am besten erleben lassen, wenn wir selbst innerlich und äußerlich durchlässig, bewegt und offen bleiben, statt festhalten zu wollen, was sich nicht zum Bleiben verleiten lässt.

Und dazu die Erinnerung, die uns die Schätze der Vergangenheit zurückholt – und die Träume, die auch im Alter, wenn Zeit kostbar wird, ausgreifen, uns die Zukunft ausmalen und erschließen können.

Außerdem: So wunderbar oder unbarmherzig uns die Zeit auch erscheint, je nachdem, womit sie ausgefüllt ist, und so beängstigend es sein kann, dass die Zeiger unserer persönlichen Lebensuhr einmal stehen bleiben werden: Die Ewigkeit, die endlos gedehnte (oder konzentrierte?) Zeit oder gar ein Leben vollkommen jenseits der gewohnten Maßeinheiten von Sekunde, Tag, Woche und Jahr können wir uns erst recht nicht vorstellen!

Sicher hat man auch Ihnen in der Kindheit das Gleichnis von dem hohen Diamantberg erzählt, an dem alle tausend Jahre ein Vöglein seinen Schnabel wetzt. „Und wenn der kleine Vogel schließlich den ganzen Berg abgetragen hat, dann ist erst eine einzige Sekunde der Ewigkeit vorbei", schloss die Geschichte, die mir persönlich stets einen kalten Schauer über den Rücken laufen ließ, ob ihrer endlosen Lange-Weile und Auswegslosigkeit. Möchte ich das? Will ich durch das Tor des Todes aus diesem bunten Leben in eine Art lähmende, gähnende Zeitlosigkeit eintreten, die sich obendrein, welch ein Widerspruch, doch wieder nur in Jahrtausenden und -millionen messen lässt?

Sicher nicht. Und sicher können wir dem Schöpfer einen ganz anderen, viel kreativeren Umgang mit der so genannten vierten Dimension zutrauen, als wir Menschen mit unserem beschränkten Raum- und Zeithorizont ihn pflegen.

Wer weiß, vielleicht kann der Augenblick wirklich zur Ewigkeit werden und umgekehrt? Vielleicht spielt sich gleichzeitig ab, was ich in diesem Leben als Nacheinander wahrnehme? Vielleicht trennt Diesseits und Jenseits nur ein Wimpernschlag, ein einziges Wort, das alle Mauern fallen lässt und uns ein Wiedersehen mit unseren lieben Verstorbenen ermöglicht, die das Zeitliche lange vor uns verlassen haben? Welche Rolle spielen Sterblichkeit und Endlichkeit überhaupt noch, wenn es keinen Stundentakt mehr gibt? Wissen wir es? Müssen wir es fürchten – oder dürfen nicht vielmehr sogar neugierig darauf sein?

Mein geschätzter Religionslehrer pflegte unsere Schulklasse in der Oberstufe einmal wöchentlich am Nachmittag zu einer Philosophie-Arbeitsgruppe einzuladen, die man nach zwei Stunden regelmäßig mit einem Gefühl zwischen Kopfsausen, leichtem Schwindel und Schweben verließ. Und mit tausend Erkenntnissen und dahinter immer neuen Fragen im Kopf (möglicherweise auch dies eine Form von Ewigkeit und Immer-Weiter?).

Zu seinen Steckenpferden gehörten die ganz großen und die ganz kleinen Dinge. So lud er uns eines Tages ein, uns in den Körper eines flachen Käfers hineinzuversetzen, der als gleichsam zweidimensionales Wesen auf dem Wiesenboden entlang krabbelt und nicht einmal in der Lage ist, den Kopf in den Nacken zu legen und zum Himmel emporzublicken.

„Nun schlüpft zurück in euren eigenen menschlichen Körper und stellt euch vor, ihr versperrt diesem winzigen Tierchen den Weg, indem ihr euren Daumen direkt vor ihm ein wenig in die Erde drückt. Was nimmt der Käfer von euch wahr? Von eurem Wesen, eurem großartigen Verstand, euren Fähigkeiten, euren Erinnerungen, euren Plänen? Was versteht er vom Menschsein überhaupt? – Nichts, rein gar nichts. Er erfasst nur und ihn interessiert nur das Wenige von euch, was in seine kleine zweidimensionale Welt hineinreicht und ihn unmittelbar betrifft: ein bedrohliches, plötzlich aus dem Nichts aufgetauchtes Hindernis mit unbekanntem Geruch, das man schleunigst umgeht und hinter sich lässt."

Was verstehen wir von Gott? Nicht mehr als der kleine Käfer im Gras. Nur das, was in unser Menschsein hineinragt und uns betrifft. Nur das, was wir dem Menschen Jesus verdanken, der durch sein Leben

Gottes Wirklichkeit in die unsrige hineingebracht hat. Und vielleicht ein wenig mehr, wenn es uns unter Mühen gelingt, den Kopf in den Nacken zu legen und für ein paar Sekunden nach oben zu schauen, hinaus aus unserer kleinen Welt. Vielleicht während wir beten?

Nehmen wir unser Da-Sein in der Zeit wahr, bewusst und bewegt. Lassen wir den Augenblick kommen und gehen, ebenso wie das Leben. Entwickeln wir ein Gefühl für den richtigen Moment, das „Jetzt!" und „Tu es gleich!", bevor die Stunde zur Vergangenheit wird. Wir haben nichts als die Gegenwart, um zu handeln, um uns selbst und unsere kleine Welt zu verändern.

Und bleiben wir neugierig auf das, was anbricht, wenn die Zeit – unsere Zeit und alle Zeit – sich ihrem Ende zuneigt.

Aus-Zeit

Nur eine Frage der Zeit

Ob ich Zeit habe?
Eigentlich nicht.
Worum geht es denn?
Das müsste ich vorher schon wissen.
Ich habe nämlich keine Zeit zu verschenken,
und stehlen lasse ich sie mir auch nicht.

Sich Aus-Zeit nehmen.
Wie lange denn?
Da sollte ich erst einmal
mit meinem Chef, mit meiner Familie …
Die denken doch, ich ticke nicht ganz richtig!

Sich Aus-Zeit nehmen.
Etwa wie im Märchen?
Hundert Jahre Schlaf für die Prinzessin
und dann wieder in den Alltag einsteigen,
als sei nichts gewesen.
Nur, die Welt dreht sich ja weiter
in der Zwischen-Zeit.
Ich glaube, zu viel Aus-Zeit macht mir Angst.
Ich möchte schon drin bleiben,
im Getriebe der Zahnrädchen und Zeiger.

Aber: Eine Weile ohne Zeit-Raffer,
ohne Zwang, Zeit zu sparen und zu gewinnen,
ohne Angst, Zeit zu verlieren oder zu verschenken,

dazu vielleicht ein paar Zeit-Reisen:
in die Vergangenheit, in die Zukunft.
Ein Spiel, ein Traum, ein Abenteuer …

Das werde ich mir mal durch den Kopf gehen lassen.

Aus der Uhr-Zeit in die Ur-Zeit:
Der Ammonit

Mit dem weitesten Zeit-Sprung fange ich an.
Mein Wegweiser ist ein Schneckengehäuse,
Jahrmillionen alt, versteinert.
Es zeigt mir mehr als jedes Geschichtsbuch.

Die Spirale: Ein Grundmuster des Lebens,
der Galaxien und der winzigen Gene.
Die Spirale: Nicht rastlos wie Zahnrad und Unruh,
nicht ziellos auf Fort-Schritt gerichtet.
Seit Ur-Zeiten ein Symbol für den Wechsel
von Werden und Vergehen, Einkehr und Ausweg.

Es heißt, damals, am Anfang,
sei es Gott selbst gewesen,
der seine Schöpfung behutsam,
wie ein kunstvolles Uhrwerk, in-takt gesetzt habe.
Vielleicht war die Spirale sein Zifferblatt?
Ich betrachte den Ammoniten.
Wie oft lasse ich mich jagen oder bremsen:
von Stech-Uhren, Stopp-Uhren und Stunden-Schlägen.
Wie oft lasse ich mich antreiben,

ein Zahnrad im Getriebe, wie gerädert …
Ich müsste häufiger takt-los sein!

Aus-Zeit – das könnte heißen:
Eine Weile ohne Unruh,
vielleicht sogar ohne Uhr am Handgelenk.
Wieder lernen, auf meine innere Uhr zu achten
und ab und zu,
wenn es mir gelingt, ganz still zu werden,
für einen Augenblick in-takt sein
mit dem langsamen Herzschlag der Ur-Zeit.

Vom Montag zum Mond-Tag:
Die Gezeiten

Jahrtausendlang war es der Mond,
der das Jahr regierte,
das man in zwölf Monate,
auch Monde genannt, einteilte.
Zwölf Zyklen von Dunkel und Helligkeit,
Leere und Fülle,
eng verbunden mit dem Zyklus der Fruchtbarkeit,
mit den Gezeiten von Ebbe und Flut.

Doch Rhythmus und Wandel sind zu unzuverlässig
für ein präzises Zeitmanagement.
Launisch hat man den Mond genannt
und das Jahr nach der Sonne gerichtet,
die uns
ihr gleichmäßig strahlendes Gesicht zuwendet.

Denn das ist gefragt: Lächeln statt Launen,
Hoch-Glanz statt Tief-Gang.

Aus-Zeit – das könnte heißen:
Den Zwang zum sonnigen Gemüt ablegen.
Sich ab und zu ein paar Mond-Tage gönnen.
Schon-Zeiten,
in denen ich für niemanden zu sprechen bin.
Leer-Zeiten, in denen ich zusehe,
wie die Stunden sich von selbst füllen,
Frei-Zeiten für Dinge,
die ich seit einer Ewigkeit anfangen,
ausprobieren, vollenden will.

Vielleicht auch:
Zeit für meine Nacht- und Schatten-Seiten,
Zeit, ein Traum-Tagebuch
oder ein Tagtraum-Buch
zu beginnen?

Von der Steinzeit zur Einsteinzeit:
Alles ist relativ

Noch einer, der sich darauf verstand,
die Zeit zu berechnen
und zugleich mit ihr zu spielen:
Albert Einstein, der Erfinder der Aus-Zeit,
der es wagte, die absolute Zeit
und den absoluten Raum auszulöschen,
die Fixgrößen,

an denen sich Wissenschaft und Weltbild
bis dahin orientiert hatten.
Der die Zeit in unsere Hände legte
und behauptete:
Auf die Fragen: Wann? Wo? Wie schnell? Wie lange?
gibt es keine absoluten Antworten,
nur relative und persönliche,
abhängig von dem Menschen,
der Zeit und Raum erlebt.

Jedem, der absolute Regeln
für den Umgang mit der Zeit aufstellt,
könnte ich also, wie Einstein,
beruhigt die Zunge herausstrecken?
Dem Rekordläufer auf der Jagd nach der Bestzeit,
den Zeitmanagern, -sparern und -gewinnern?
Und umgekehrt:
Meine eigenen Zeit-Rezepte,
meine Vorstellungen davon,
was Langeweile ist und was Muße,
was genutzte und was verlorene Zeit,
wen ich Faulenzer nenne und wen „Workoholic" –
all das ist ungesichert, vorläufig, angreifbar?

Keine absoluten Antworten mehr
auf die Fragen nach der Zeit.
Genau hinschauen und vielleicht fragen,
mich selbst und die anderen:
Was ist Zeit für dich, für mich?
Was vergeht wie im Flug – was dauert ewig?
Was füllt meine Zeit aus – was schlägt sie tot?

Worauf warte ich?

Und: Liegt sie wirklich in meiner Hand, die Zeit?
Ist es der Zufall, der sie uns zuteilt?
An dieser Stelle wird auch der Mann relativ ernst,
der dem Absolutum der Zeit die Zunge zeigte.

„Gott würfelt nicht", schrieb Albert Einstein.

Von der Wiege bis zur Bahre:
Meine Zeit

Ich schlage mein Fotoalbum auf –
und schon beginnt die nächste Zeitreise,
vielleicht gemeinsam mit Kindern oder Freunden?
Wie war das damals, in meiner Kindheit,
als ein Jahr eine Ewigkeit umspannte?
Wann haben die Zahnräder nach mir gegriffen?
Wann wurde meine eigene Ur-Zeit –
Herzschlag und Atemrhythmus,
Schlafen und Wachen,
Neugier und Entdeckung –
vom Metronom des Alltags überlagert?
Wann lernte ich, in Gedanken vorauszueilen
in die Zukunft,
Träumen nachzuhängen, Visionen zu entwickeln?
Und wann beginnt meine eigene End-Zeit?
Lieber nicht daran denken …

… oder doch?
Immer wieder einmal,
ohne Angst vor dieser kurzen Spanne,
die meine Lebenszeit ist,
an deren Anfang ich mich nicht erinnere,
deren Ende ich nicht kenne.
Zeit für Bilanz und Phantasie:
Was ist unwiederbringlich vorbei?
Wofür ist es zu spät? Vielleicht noch nicht!
Und zu früh?

Erst, wenn ich die Neugier auf das Morgen verliere,
wenn ich nichts mehr wünsche, hoffe, erwarte,
beginne, ausprobiere,
dann werde ich alt sein.
Aus-Zeit –
Zeit, das neugierige Kind in mir
wiederzuentdecken.

Von Morgen nach Gestern:
Die Sanduhr

„Halt! Einen Augenblick, bitte!“,
möchte ich in das unaufhörliche Rieseln hineinrufen.
Zwecklos.
Und außerdem: Es ist auch faszinierend,
wie der kleine Berg feinen Sandes
immer höher wird in der unteren Glaskugel,
die das Vergangene hält,
während sich in der oberen Kugel

die Zukunft langsam auflöst.
Die Zwischen-Zeit,
die Gegenwart,
ist schmal und zerbrechlich,
un-begreiflich, un-haltbar.
Oder?

Wenn ich die Sanduhr einfach umdrehe,
das Spiel von vorne beginne?
Und wenn das nicht möglich ist,
dann mich selbst umdrehen,
mich gegen den Strom stellen,
gegen das unaufhaltsame Rieseln?

Umkehr – auch das ist eine Art Aus-Zeit.
Gelassenheit im Getriebe, Gedränge, Geschiebe.
Ein Ruhepol sein.
Aus-Zeit verschenken:
„Lassen Sie sich ruhig Zeit."
„Bitte nach Ihnen – ich habe Zeit."
„Erzählen Sie ruhig, ich höre Ihnen zu."
„Das war doch schon lange dein Wunsch –
nächsten Samstag nehmen wir uns die Zeit."
Mich umkehren, wenn ich hinter mir höre:
„Einen Augenblick, bitte!"

Vielleicht machen Gelassenheit,
Aufmerksamkeit und achtsames Da-Sein
die Gegenwart
ein bisschen haltbarer?

Vom Kopf zum Bauch:
Mal-Zeit

Nun bedenke ich die Zeit schon so lange
und bemerke jetzt erst:
Das spielt sich ja alles in meinem Kopf ab!
Sitzt die Zeit denn nur dort?
Nicht auch im Herzen, in meinem Bauch,
in jeder winzigen Ader, in jedem Haar
und in jeder Hautzelle?

Aus-Zeit, das kann auch bedeuten:
Weniger Zeit-Geist, mehr Zeit-Gefühl.
Ob ich mir die Idee einmal weiter ausmale?

Die Stunde Null

Los geht's!
Jetzt!
Einfach hineinspringen
in die Aus-Zeit.
Die Gunst der Stunde nutzen,
auf die Sekunde genau.
Ohne Angst vor dem Anfang.

Denn ich habe keine Zeit zu verlieren …

Weder den Tag

Ich glaube, du hast die Tür zugeschlagen.
Gehört habe ich es nicht.
Ich starre gegen die weiße Wand.
Warum müssen wir uns streiten um Geld?
Geizen mit Liebe, sparen mit Wärme,
nur wegen eines erbärmlichen Guthabens
auf der Bank?
Hauptsache, ich habe bei dir noch etwas gut
und du bei mir.

Im Schlafzimmer brennt Licht.
Kannst du nicht schlafen? Wartest du auf mich?
Trotz steigt in mir auf.
Wenn ich schon den ersten Schritt machen soll,
wie immer, warum immer ich,
dann morgen früh, vielleicht.
Versöhnung hat Zeit.

Und wenn nicht?
Bilder entstehen in meinem Kopf:
Nebel auf der Autobahn, Glatteis.
Dein Wagen an der Leitplanke, ein Anruf.

Nein, ich habe keine Angst.
Ich bin nur plötzlich sehr entschlossen.
Wie immer, wenn ich daran denke,
dass ich weder den Tag kenne noch die Stunde,
dass ich nichts weiß über mein Guthaben,
über unser Guthaben an Zeit.

Mit wenigen Schritten bin ich an deinem Bett.
Natürlich liegst du wach.
Wir nehmen unser Gespräch wieder auf.
Anders diesmal. Gelächter schleicht sich ein,
ein paar Tränen, dann immer mehr Zärtlichkeit.

„Wie machst du das?“, fragst du später,
„das mit dem ersten Schritt?
Für mich ist es ein so weiter Weg
von mir zu dir, nach einem Streit.“
„Erschrick nicht“, sage ich,
„aber mein Geheimnis ist der Tod.
Ich will den ersten Schritt vor dem letzten machen,
nehme ich mir vor.
Der Rest geht dann sehr schnell.
Denn der Tod,
weißt du,
verkürzt alle Wege.“

Das Zeichen

Sie hatten es einmal verabredet, vor vielen Jahren, als sie einander noch gut waren, die beiden Nachbarinnen. Als ihre Männer noch lebten, als es noch keine Zäune gab zwischen den beiden Gärten, dafür eine gemeinsame große Veranda, auf der man an langen Sommerabenden grillte und schwatzte und Wein trank und ein Pfeifchen rauchte. Und als die Männer kurz nacheinander gestorben waren, trafen sich die beiden einsamen Frauen täglich zum Gang auf den

Friedhof, stützten sich gegenseitig und erinnerten einander immer wieder daran: „Du bist nie allein. Wenn du mich irgendwann einmal brauchst, klopf einfach an unsere gemeinsame Schlafzimmerwand. Du weißt ja, mein Bett steht auf der anderen Seite. Ich werde dich hören und sofort herüberkommen."

Ob es daran lag, dass eine von beiden sich einen Untermieter nahm, der bald darauf ihr Freund und Lebensgefährte wurde? Dass die andere eine Erbschaft antrat, sich das Dachgeschoss ausbauen und bei dieser Gelegenheit gleich noch einen Zaun zwischen den beiden Grundstücken ziehen ließ? Erst fiel das tägliche Schwätzchen aus, dann der Gruß, dann der freundliche Blick. Schließlich blieb nur noch eisiges Schweigen zwischen den beiden, Verdächtigungen und üble Nachrede.

Längst hatte die eine auch ihren Freund und Untermieter zu Grabe getragen, die andere ihre Erbschaft in einigen Kreuzfahrten angelegt, beide wurden Wand an Wand grau und einsam – ihre Feindschaft blieb.

Gestern nun gab es einige Unruhe in unserer sonst so beschaulichen Straße. Eine der beiden Nachbarinnen (die mit dem Untermieter) war tot in ihrer Wohnung aufgefunden worden. Allem Anschein nach war sie bereits zwei Tage zuvor gestorben, ohne dass jemand sie vermisst hätte. Die andere Nachbarin hatte schließlich wohl Verdacht geschöpft und die Polizei alarmiert. Jetzt stand das kleine Haus leer. Morgen sollte die Beerdigung sein.

Ich weiß nicht mehr, was mich über die Straße trieb, die „Übriggebliebene" zu besuchen. Ich fand sie in ihrer kleinen Küche. Sie schälte Kartoffeln. Ihr Rücken zuckte. Ich legte ihr sanft die Hand auf die Schulter und fragte behutsam, ob es der Tod ihrer Nachbarin sei, der ihr so naheging und das trotz ihrer Feindschaft, der eisigen Blicke, des langen Schweigens? Sie nickte – und dann erzählte sie mir die Geschichte von dem Zeichen, das sie vor langer Zeit untereinander verabredet hatten.

„Und sehen Sie, vor zwei Tagen gegen Morgen, da hat es ganz zart an meine Schlafzimmerwand geklopft. Ich dachte zuerst, ich hätte mich verhört. Aber eine Täuschung war nicht möglich. Sie klopfte, ganz leise und schüchtern. Und ich, ich dachte: ‚Lass sie nur klopfen! Die muss komplett verrückt sein, mich auf der Straße nicht mehr zu grüßen, mich all die Jahre links liegen zu lassen und jetzt zu erwarten, dass ich in aller Herrgottsfrühe für sie aus dem Bett springe, um ihr die Kopfschmerztabletten zu reichen.‘ So blieb ich liegen, stolz und stur. Ich konnte es einfach nicht fassen, dass sie immer noch an unser Versprechen dachte, dass sie wirklich glaubte, nach all den Jahren, ich könnte vergessen. Heute weiß ich“, schloss sie und hatte wieder Tränen in den Augen, „dass sie ganz kurz vor ihrem Ende noch einmal einen Anfang gemacht hat, in höchster Not. Sie ist über ihren Schatten gesprungen, und sie muss mir das Gleiche zugetraut haben. Bis es zu spät war.“

Nie wieder wie jetzt

Ins Auge fallen.
Kommen sehen.
Ansehen.
Sehens-wert.
Eine Sehens-Würdigkeit,
jeder Mensch, der mir begegnet.
Hindurchsehen.
Wegsehen.
Aus den Augen verlieren.
Wiedersehen?
So jedenfalls nicht mehr,
nie wieder im Strom der Zeit.

Lieber Lebens-Lauf!

Mit einem Ur-Sprung hinein
den Anfang auffangen
in Fußstapfen treten
und eigene Spuren legen statt zu spuren
auf dem Werde-Gang
ent-wickeln ent-falten
nicht nur sich selbst
Fort-Schritt und Rück-Fall
Kreislauf und Durchbruch
Holzweg oder Karriereleiter
Umkehr ist möglich
inne-halten
Atem holen

Berührungs-Punkte suchen
Bindungen eingehen
Ein-Klang hören
den Dis-Tanz wagen
Feste be-gehen und Alltag
manchen Weg-Weisern trauen
andere umgehen
und schritt-weise
zeit-weise
beziehungs-weise werden
zu Ende gehen
am Ziel sich auffangen lassen
von einem neuen Anfang

Jakobsweg

Im Sommer 2007 wanderte ich mit meiner Tochter auf dem Jakobsweg. Sie legte den gesamten Camino Francès zurück, mehr als 800 Kilometer von Saint-Jean-Pied-de-Porte in den Pyrenäen bis nach Santiago di Compostela. Da ich nicht in der Lage war, so viel Urlaub zu nehmen, ging ich lediglich die 450 Kilometer ab Burgos mit ihr, ebenfalls bis hinein in die Stadt des Heiligen Jakob.

Es schloss sich noch eine eintägige Busfahrt nach Finisterre an, dem äußersten Westzipfel Galiziens, seit den Zeiten der Kelten „Ende der Welt" genannt. Man legt dort die ohnehin mittlerweile zerschlissenen Hosen und Blusen ab, badet im endlosen Atlantik, kleidet sich in frische Gewänder und kehrt – der Legende und auch dem Gefühl nach – als neuer Mensch in den Alltag zurück.

Für meine Tochter fiel diese Wanderung mit einer entscheidenden Wegstrecke ihres Lebens zusammen – dem Abschnitt zwischen Abitur, Studium und dem Auszug aus dem Elternhaus. Für mich war das Neben-ihr- und Mit-ihr-Gehen eine ganz besondere Gelegenheit, das Kind, das ich vor neunzehn Jahren ins Leben hinein begleiten durfte, nun noch einmal auf einer so langen, gemeinsam bewältigten Wegstrecke zu erleben, bevor unsere Straßen sich, wenn auch nur räumlich, vorerst trennten.

Es ist wahr, dass der lange Weg vieles über Leben und Tod lehrt. Sehr leise und behutsam, dafür wiederholt, eindringlich, kaum zu ignorieren.

Die Hitze, der Staub und vor allem die Dürre der Hochebene lassen die Demut wachsen, einen sorgsamen Umgang mit den eigenen Kräften, Dankbarkeit für den gleichmäßig arbeitenden Körper, für einen Schluck Wasser, ein wenig Grün, einen Mitpilger, der im rechten Moment ein Blasenpflaster bereithält und es großzügig verschenkt.

Der Weg lehrt die Unterscheidung zwischen Wesentlichem und Unwesentlichem – und das Loslassen. „Was ich nicht mehr brauche“ stand in vielen Sprachen auf einem Schild in einem Benediktinerinnenkloster. Unter dem Schild ein Korb, gefüllt mit Trinkflaschen und Antibiotika-Tabletten, Reiseführern und Gummibärchen, aber auch mit Handys und teuren Digitalkameras. In diesem Kloster verbrachten wir einen ganzen Tag, denn meine Tochter war erkrankt, lag blass und still in ihrem Bett, unfähig, mehr zu sich zu nehmen als ein paar Löffelchen Reis. Viel Zeit für mich, darüber nachzudenken: Was lasse ich leichten Herzens los –was will ich um alles in der Welt beschützen und festhalten?

„Hochmut kommt vor dem Fall“ heißt eine weitere Lektion. „Wie will diese korpulente Dame denn auch nur ein Zehntel der Wegstrecke bewältigen?“ spotteten einige Wanderer über eine schwergewichtige Pilgerin, die gerade schwer atmend einen leichten Anstieg meisterte. Am Abend traf sie wunderbarerweise nur wenig später als der Rest der Gruppe in der Herberge ein. „Hier, das hast du in der kleinen Feldkapelle liegengelassen“, meinte sie mit scheuem Lächeln und überreichte einer mitwandernden Studentin deren vergessenen Routenplan. „Du bist doch Christine, oder?“ Der Angesprochenen, noch am Morgen unter den Spottenden, blieb der Dank im Hals stecken.

„Bleib bei deinem ureigenen Tempo und Rhythmus.“ Auch das lernt man sehr rasch. Und es gilt wahrlich für alle Wege im Leben, besonders für die der Trauer.

„Mutter, wenn ich einen Berg vor mir sehe, muss ich hinauf hacken, oben ankommen und nachsehen, was auf der anderen Seite ist!“ Hätte ich mich an das Tempo meiner Tochter gehalten, wären meine Füße innerhalb eines Tages mit Sicherheit blasen- und schrammenübersät gewesen. Also behielt ich meinen schildkrötenartigen Muttertakt bei, ein Schritt nach dem anderen, sorgsam bergauf, federnd bergab, auf meinen Herzschlag, mit meinem Atem. Spätestens im Tal fanden wir uns wieder, rechtzeitig für alles weitere, fröhlich, einig in aller Verschiedenheit.

„Nichts und niemand geht verloren." Vielleicht die tröstlichste Weisheit, für den Jakobsweg und für das Leben. Nicht nur Routenplaner werden gefunden, auch Menschen, und seien sie völlig ohne Orientierungssinn, werden mitgenommen, von Irrwegen zurückgerufen, sanft umgeleitet und wieder auf den rechten Pfad gebracht. Sei es von Einheimischen, Mitpilgern, unverhofften Wegweisern oder im Zweifelsfall … von der Hand, die uns alle hält.

Über-Springer

Schon wieder Montag!
Überspringen müsste man diesen Tag.
Oder gleich die ganze Woche.
Mit einem Satz bis zum Wochenende.
Denn Freitagabend beginnt das Leben.

Schon wieder Winter!
Überspringen müsste man diese Jahreszeit.
Oder gleich von Oktober bis Mai.
Mit einem Satz in den Wonnemonat.
Denn mit dem Frühling beginnt das Leben.

Schon wieder Alltag!
Überspringen müsste man ihn.
Mit einem Satz bis zum
Geburtstag
Hochzeitstag
letzten Arbeitstag.
Denn mit der Pensionierung
beginnt das Leben?

Manchmal denke ich,
mein letzter Tag
wird ein Montag sein,
ein ganz alltäglicher, armseliger Montag,
mitten im Winter.
Aber er wird mir sehr kostbar erscheinen.
Keine Minute
werde ich überspringen wollen
und wünschen,
ich könnte mir
all die anderen
kleinen,
unscheinbaren Montage
noch einmal genau ansehen
unter der
Zeit-Lupe.

Kleine Auferstehungen –
Wieder ins Leben finden …

„Siehe, ich muss sterben“, sprach Jakob zu seinem Sohn Josef. Und er ließ seine Söhne, zwölf an der Zahl, an sein Sterbebett treten: „Versammelt euch“, begann er, „dann sage ich euch an, was euch begegnet in künftigen Tagen.“ Nachdem aber der Patriarch des alten Israel seine Nachkommen scharfsichtig charakterisiert und ihnen viel Weisheit für die Zukunft mitgegeben hat, segnet er sie alle noch einmal. „Dann verschied er und wurde zu seinen Vorfahren vereint“, so berichtet es uns das erste Buch der Bibel, die Genesis.

„Das Zeitliche segnen“ war ursprünglich keine flache, schönfärberische Umschreibung für das Sterben, sondern deutete eine tiefe Auseinandersetzung mit dem Tod an und meinte genau diesen Vorgang: Mit der ganzen Kraft, Autorität und Würde dessen, der sich schon auf der Grenzlinie weiß zwischen Leben und Tod, Diesseits und Jenseits, Vergangenheit und Zukunft, Mensch und Gott, noch einmal alles zu segnen, was zeitlich ist. Die Welt, das irdische Leben, die Kinder, die Familie, die Mitmenschen, selbst die Feinde – denn auch die Feindschaft verblasst im Angesicht der Ewigkeit.

Dem Segen des Sterbenden wurde und wird im Judentum eine noch größere Macht und Wirkung zugesprochen als dem Segen der Eltern für ihr Neugeborenes oder für die erwachsenen Kinder, die sich anschicken, den Bund der Ehe zu schließen. Er beinhaltet etwas von Vermächtnis, Erbe und letztem Auftrag, das sich übrigens auch in den Abschiedsreden Jesu an seine Jünger andeutet.

„Das Zeitliche segnen“ heißt für mich: Mich jeden Tag mit meiner eigenen Zeitlichkeit/Endlichkeit, der Zeitlichkeit der (geliebten) Menschen um mich herum und der Welt als Ganzes auseinanderzusetzen, lernen, sie anzunehmen, Frieden damit zu schließen und aus dieser Haltung heraus jeden Augenblick sehr bewusst, sehr dankbar und voller Freude wahrzunehmen.

Mich von meinem Ende her zu fragen, ob ich einmal in der Lage sein werde, „mein“ Zeitliches zu segnen und meinen Tod anzunehmen – und vor allem: Was ich heute und jetzt ändern muss und kann, damit dies gelingt. Es gibt ein Leben vor dem Tod.

Genau hinzuschauen, was „noch“ passiert, wenn ein Mensch stirbt, außer Leid, Abschiedsschmerz und Angst: Nämlich, dass das Sterben einen letzten, unter normalen Umständen kaum möglichen, intensiven Reifeprozess des Sterbenden und seiner Angehörigen mit sich bringen kann, sodass es wirklich zum Segen für den wird, der das Zeitliche verlässt, und für die, die zurückbleiben.

Wahrzunehmen, dass ich selbst als „Zeitliche“ unter dem Schutz und Segen der Verstorbenen stehe, dass die Menschen, die ich geliebt habe, immer noch neben mir gehen – und auch ich einmal neben meinen Kindern und Enkelkindern werde gehen können, wenn auch das Wo und Wie sich mir heute noch nicht erschließt.

Insofern verbindet das Wort „das Zeitliche segnen“ Leben und Tod/Durchgang und die Auferstehung zu einem neuen, für uns unvorstellbaren Leben miteinander.

Und ich denke, in dem gleichen Maß, wie wir „den kleinen Tod“ – den Schlaf, die tiefe Erschöpfung, die Winterstarre, das kurze Adieu – als Einübung in den großen Abschied sehen können, so dürfen wir auch die kleinen Auferstehungen im Alltag genießen, von denen in diesem letzten Kapitel die Rede sein wird. Erlauben sie uns doch, vorauszuschauen und zu ahnen, welche Freude uns erwartet im Haus des Vaters, in dem es, wie Jesus uns versicherte, „viele Wohnungen“ gibt. Für jeden Menschen, der uns vorausgegangen ist – und für uns, die wir ihn oder sie so schmerzhaft vermissen.

„Manchmal stehen wir auf. Stehen wir zur Auferstehung auf, mitten am Tage“, schreibt die große Marie Luise Kaschnitz. „Nur das Gewohnte ist um uns … Und dennoch leicht, und dennoch unverwundbar, geordnet in geheimnisvolle Ordnung, vorweggenommen in ein Haus aus Licht.“

Den Aufbruch wagen

Leben bedeutet: im Aufbruch sein.
Vom Augenblick der Geburt an,
wenn wir den schützenden Mutterleib verlassen.

Eine Tür fällt ins Schloss –
eine neue öffnet sich.

Eine Mauer fällt,
eine Schale zerspringt,
in mir oder um mich herum.

Das schmerzt.
Das verunsichert.
Das befreit.

Aufbruch –
der Moment auf Messers Schneide.

Das Gestern bleibt zurück
und mit ihm das Vertraute.
Den Weg ins Morgen-Land
muss ich erst erschaffen.

Mit meinem ersten Schritt.

Wie gut, dass Du bei mir bist,
mein Gott.

Erschrocken

Ich habe mich geschämt,
als ich zum ersten Mal zornig wurde,
nach deinem Tod. Auf dich!
Auf wen sonst?
Als ich dich anschrie:
„Wie konntest du nur!
Einfach so, ohne Vorwarnung
mich hier zurücklassen,,
mutterseelenallein!
Weißt du nicht, was du mir antust!?“

Ich habe mir die Decke über den Kopf gezogen
und mich lebendig begraben,
als ich erwachte,
die Sonne schien
und ich freute mich plötzlich
auf den neuen Tag
zum ersten Mal
nach deinem Tod.

Ich habe mir auf die Lippen gebissen,
als ich mich lachen hörte
zum ersten Mal
nach deinem Tod
und mich fragte,
was das für ein Geräusch sei,
mein eigenes Lachen,
so ungewohnt und fast verlernt.

Ich war erschrocken.
Bis ich deine Antwort hörte,
ganz leise
tief in mir
und wie mir scheint,
hast du dabei gelächelt:

Das Leben überlebt.

Immer wenn...

... das Licht aufersteht,
ein neuer Tag beginnt,
ein Frühling,
ein zweiter Frühling,
immer wenn
eine Krankheit sich bessert,
ein Streit mit einer Versöhnung endet,
ein Mensch eine zweite Chance bekommt,
immer wenn
ich einen schweren Stein beiseite rolle,
den Stein meines Schweigens,
meiner Angst,
meiner Verlassenheit,
immer wenn man mir sagt,
dass das Ende nie das Ende ist
und ich glaube es

... dann ist Ostern

Welten

Ich putze die Treppe.
Sauge im Flur.
Koche das Essen.
Wasche die Wäsche.

Und das Kind
fängt ein goldenes Stäubchen im Sonnenlicht,
spricht mit seinem Schatten,
versucht die Blumen vom Teppich zu pflücken,
geht auf große Fahrt
mit der Eisenbahn aus drei Kirschkernen …

Die Hand, die mich hält

„Von allen Seiten umgibst Du mich
und hältst Deine Hand über mir."
Kann ich spüren, wovon die Bibel spricht?
Eine Hand, die mich hält.
Eine Kraft, die sich mir zuneigt
von oben her – höher, als meine Phantasie reicht?
Von unten her – tiefer, als meine Abgründe sind?
Ohne mich zu zwingen und zu zerren,
ohne mich zu erdrücken
und mir alle Wege abzunehmen …

Sich rundum geliebt
und trotzdem ganz frei zu fühlen –
danach sehne ich mich ein Leben lang,

das erreiche ich in jeder Beziehung
nur für kurze Momente,
die sich nicht festhalten lassen –
und schon überwiegt wieder die Enge
oder die Einsamkeit.

Ich und Du, meine Hand und Deine Hand
im Gleichgewicht,
das lässt sich vielleicht am ehesten erleben,
wenn ich für Augenblicke loslasse,
was meine Hände tagtäglich handhaben,
wenn ich der Stille in mir Raum gebe,
bis ich meine innere Stimme höre.
Denn die Zuneigung Gottes spricht leise.
Und die Hand, die mich halten will,
wartet geduldig darauf,
dass ich mich hineinlege.

Was bleiben will, muss sich ändern

Wie das Meer, das bleibt
in Ebbe und Flut.
Der Baum
im Wechsel der Jahreszeiten.
Die schwingende Brücke.
Ein Klang.
Was bleiben will, muss sich ändern.

Das Leben.
Einatmen und Ausatmen.
Das, woraus ich Kraft schöpfe.
Meine Wurzeln. Meine Wege.
Was bleiben will, muss sich ändern.

Liebe, die ihre Gezeiten hat wie das Meer.
Freundschaft. Glück.
Eine Aufgabe. Ein Erfolg.
Was bleiben will, muss sich ändern.

Meine Bilder
von der Vergangenheit.
Von der Zukunft.
Vom Sinn.
Von Gott.
Meine wichtigsten Bilder.
Ich will, dass sie bleiben.

Was bleiben will, muss sich ändern.

Die Empfängerin

Jedes Lachen,
jede Berührung,
jeder Mensch,
der meine Hand nimmt,
ist ein Liebesbrief von Dir an mich, mein Gott.

An manchen Tagen quillt mein Briefkasten über,
ich kann gar nicht alles lesen,
was Du mir schreibst
und es schon gar nicht schätzen.

An anderen Tagen kommt es mir so vor,
als ob Du mich vergessen hast.
Du schreibst nichts –
und ich bin unsichtbar für die Menschen
rund um mich,
gerade dann,
wenn ich sie am dringendsten brauche.

Sieh mich,
halte mich,
lass mich Deine Gegenwart spüren
und weitergeben, hier und heute.
Wie einen Liebesbrief,
eine frohe Botschaft,
deren Absender
Du bist.

„Seht, ich mache alles neu"

Das Eis des Winters schmilzt
wie das Eis der Herzen.

Der Stacheldraht,
den wir um unsere Seelen gelegt hatten,
trägt duftende Kirschblüten.

Die Farben kehren zurück
und verzaubern das Grau.

Hell und Dunkel,
Tag und Nacht versöhnen sich.

Niemand geizt mehr mit Wärme
oder Zärtlichkeit.

Das lange Schweigen füllt sich
mit dem Lachen der Kinder,
den geflüsterten Worten der Liebenden
und dem Lied der Vögel.

Die Schwalben kehren zurück
wie die verloren Geglaubten.

Zeit dehnt sich endlos aus,
summend wie die erste Biene.

Denn dies ist der Anfang.
Die Welt ist jung
und gesegnet
wie am ersten Tag der Schöpfung.

Und wir
mit ihr.

Das Zitat „Seht, ich mache alles neu" stammt aus der Offenbarung des Johannes. Der letzte Abschnitt der Bibel ist das einzige durchgehend prophetische Buch des Neuen

Testaments. Voller geheimnisvoller Bilder, Symbole und Visionen schließen die Verse einen großen Kreis: Ähnlich dem ersten Buch der Bibel, der Genesis, zeigen sie die (Schöpfer-)Kraft Gottes, die letztlich bewirkt, dass Chaos, Bosheit, Leid und Tod schwinden und, wie in den Tagen des ersten Paradieses, wieder „alles sehr gut" wird.

Da wird auch dein Herz sein

Woran hängt mein Herz?
An einem Menschen?
An meinem Besitz?
An meinem Leben?
Nichts bleibt ewig …
Alles wird zu Welle, Sand und Staub.

„Du Narr", spricht Gott
zu dem reichen Kornbauern,
der sich unruhig in seinem Bett wälzt,
seine Ernteerträge bemisst
und den Bau größerer Scheunen plant,
„noch heute Nacht
wird man deine Seele von dir fordern.
Wem wird dann gehören,
was du angehäuft hast?"

„Sammelt euch einen Schatz im Himmel",
sagt Jesus in seiner Bergpredigt,
„wo weder Motten noch Rost ihn zerfressen."
Einen unvergänglichen Schatz,

geformt aus allem,
was reinen Herzens geschah,
ohne Planung, Berechnung und Hinterlist,
mit dem Herzen eines Kindes,
was uns vielleicht das Herz zerrissen hat,
aber doch stark werden ließ.
„Denn wo dein Schatz ist,
da wird auch dein Herz sein."

Als ob wir selbst uns den Himmel erschaffen
kraft unseres Herzens.

Was von Herzen kommt,
überdauert die Wellen der Zeit.
Stark wie der Tod ist die Liebe, das wissen wir spätestens seit Karfreitag und Ostern.
Es gibt keine größere Liebe,
als wenn einer sein Leben gibt für seine Freunde,
als wenn einer sich selbst zum Liebesbrief macht,
sich austeilt wie ein liebes Wort,
wie Brot und Wein.

Man muss keinen Brief schreiben,
um Liebe zu verschenken.
Ich kann das Wort „Liebe"
mit allem Möglichen zusammensetzen:
Liebesgeschenk, -gruß, -gabe und -dienst.
Nur keine laue Liebe-Lei!

Was habe ich zu verschenken,
was zu verlieren?

Was müsste ich loslassen,
um das zu finden, worauf es ankommt?
Woran hänge ich so,
dass es mich blockiert?

Was müsste sterben,
damit Ostern wird?

Der Weg der Erinnerungen

Ein Gang durch ein Rasen/Pflanzen-Labyrinth oder auf einem Weg über den Friedhof – für uns Lebende und für unsere lieben Verstorbenen

Auf dem Hinweg

Erste Station
Der Weg der Erinnerungen.
Zurückholen kann ich sie nicht, die Vergangenheit.
Was vorbei ist, ist vorbei.
Aber ich kann mich erinnern,
auf dem Weg nach innen,
immer weiter, immer tiefer,
immer näher zu dem, was meine Mitte ist.
Ich schicke mein Herz und meine Gedanken
auf die Reise.
Denn für sie gibt es keine Grenzen
von Zeit und Raum.

Zweite Station
Ich gehe allein, Schritt für Schritt.
Daran musste ich mich erst gewöhnen:
Dass du nicht mehr neben mir gehst,
meine Frau, mein Mann, mein Kind,
meine liebe Freundin,
mein Freund, meine Kollegin, meine Mutter,
mein Vater, meine Schwester, mein Bruder.
Ich gehe allein.
Das ist nicht immer einfach.
Am Anfang waren die Füße bleischwer
und ich fürchtete mich vor dem nächsten Schritt
und dem nächsten Tag.
Aber ich habe es geschafft.
Ich gehe allein.
Doch manchmal wüsste ich gerne,
ob du noch neben mir gehst.
Auch jetzt noch.

Dritte Station
Du weißt so viel mehr als ich,
denn du bist diesen Lebensweg
zu Ende gegangen und weiter.
Weiter als meine Sinne reichen
und mein Verstand.
Ich erinnere mich:
An die vielen kurzen und langen Wege,
die wir gemeinsam gegangen sind,
an die nächsten Schritte,
die wir miteinander besprachen,
an die Biegungen, die wir für Umwege hielten,

an die Zeit, die wir genossen
und miteinander auch einfach vergessen konnten.
Vielleicht war all das wichtig und bedeutsam,
im Nachhinein gesehen.
Vielleicht hat uns das alles näher gebracht:
Näher zur Mitte und zum Sinn des Lebens.
Du wirst es wissen, jetzt.
Denn du weißt so viel mehr als ich.

In der Mitte

Du bist nicht vergessen.
Immer, wenn ich mir Zeit nehme,
wenn ich es um mich herum still werden lasse,
wenn selbst der Schmerz, die Zweifel, die Trauer
und die vielen ungelösten Fragen leiser werden,
wenn ich in der Mitte meines Herzens
angekommen bin,
kann ich dich finden.
Denn wo ich mir nahe bin, bist du mir nah.
Ich denke an dich.
Du bist nicht vergessen.

Beim Hinausgehen

Erste Station
Die Menschen, die zum ersten Mal ein Labyrinth
in den Sand malten, mit Steinen legten
oder mit Blüten,

wollten nicht, dass wir stehen bleiben.
In der Mitte sein, heißt Kraft schöpfen,
dachten sie.
Kraft für den Weg nach draußen.
Kraft, die Erinnerungen zu verwandeln:
In Pläne, Träume, kleine Versuche,
den nächsten Tag zu erleben und zu gestalten.
In der Mitte sein, heißt auch: umkehren.
Sich aufmachen in die Gegenwart
und in die Zukunft.
Und meine Erinnerungen mitnehmen.

Zweite Station
Ich gehe allein.
Zurück in die Gegenwart
und weiter in die Zukunft.
Doch wann immer ich will,
kann ich zurückkehren.
Zu meinen Erinnerungen,
in die Mitte meines Herzens,
wo du mir nah bist.
Ich gehe allein.
Doch ich fühle:
Du gehst noch immer neben mir.
Du bist nicht weiter von mir entfernt
als die anderen neben mir.
Vielleicht bist du mir sogar näher.

Dritte Station
Du willst, dass ich der Gegenwart gehöre.
Diesem Augenblick in freier Natur,
unter dem Blätterdach der Bäume,
dieser Sonne über mir,
jedem Atemzug.
Du willst, dass ich dem Leben gehöre.
Weil es kostbar ist, einzigartig – und endlich.
Lehre mich, dankbar zu sein für jede Sekunde,
so wie ich dankbar bin für jeden Augenblick mit dir.
Sei bei mir,
während ich lebe.

Diesmal

Damals,
als meine Welt nur aus rotem Licht bestand
und Wärme und sanftem Schaukeln
und einem kleinen Herzschlag in mir
und einem großen Herzschlag über mir,

sagte mir jemand,
dass zu dem Licht eine Sonne gehöre,
eine ganze neue Welt
voller Farben und Töne,
und zu dem Schaukeln Hände,
die mich halten und streicheln würden,
zu der Wärme Liebe

und zu dem großen Herzschlag jemand,
der mich ins Herz geschlossen habe
und jetzt schon meinen Namen wisse …

doch damals glaubte ich ihm nicht,
ich habe ihn ausgelacht.

Heute
besteht meine Welt aus Farben und Tönen,
aus der Nähe anderer Menschen
aus der Wärme der Liebe.

Und jemand sagt mir,
dass hinter den Farben eine Welt ist,
die ich nur ahnen kann,
hinter der Nähe eine größere Liebe,
und hinter der Wärme jemand,
dem ich am Herzen liege
und der mich beim Namen ruft …

Diesmal
versuch' ich zu glauben.

Gesegnet

Wenn du
das Zeitliche gesegnet hast,
kannst du dann auch mich segnen,
die ich doch zeitlich bin,
lebendig –
und doch sterblich?

Sieh mich.
Segne mich.
Beschütze mich.
Geh mit mir
auf allen meinen Wegen.

Quellenverzeichnis

Wir danken nachstehenden Verlagen für die freundlich erteilte Abdruckerlaubnis:

Müller, Inge
Meine Zeit in deinen Händen
Weder den Tag
Das Zeichen
Überspringer
Immer wenn
Diesmal
aus: dies., Fange den Tag, Reihe: „Eschbacher LebensArt“, ©2009 Verlag am Eschbach der Schwabenverlag AG, Eschbach/Markgräflerland.

Müller, Inge
Was bleiben will, muss sich ändern
aus: Höre nie auf anzufangen. Texte und Bilder zur Meditation, o. J.
Seht, ich mache alles neu
Kurzfassung in: Seht, ich mache alles neu. Texte und Bilder zur Meditation, o. J.
Jeder braucht eine Klagemauer (Korrespondenzkarte Nr. 58)
Schritt für Schritt (Es ist nicht allein unsere eigene Kraft …, Korrespondenzkarte Nr. 68)
© Verlag der action 365, Kennedyallee 111a, 60596 Frankfurt/M.